Diversidad cultural y tolerancia

BIBLIOTECA IBEROAMERICANA DE ENSAYO/1
COLECCIÓN DIRIGIDA POR MANUEL CRUZ, JULIANA GONZÁLEZ Y LEÓN OLIVÉ

1. Fernando Salmerón - *Diversidad cultural y tolerancia*
2. Isabel Cabrera - *El lado oscuro de Dios*

Fernando Salmerón

Diversidad cultural y tolerancia

PAIDÓS
México • Buenos Aires • Barcelona

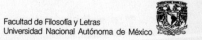
Facultad de Filosofía y Letras
Universidad Nacional Autónoma de México

Cubierta de Mario Eskenazi

1ª edición, 1998

D.R. © 1998 de todas las ediciones en castellano,
    Editorial Paidós Mexicana, S.A.
    Rubén Darío 118, col. Moderna, 03510, México, D.F.
    Tels.: 579-5922, 579-5113. Fax: 590-4361
D.R. © Editorial Paidós SAICF
    Defensa 599, Buenos Aires
D.R. © Ediciones Paidós Ibérica, S.A.
    Mariano Cubí 92, 08021, Barcelona

Coeditan: Editorial Paidós Mexicana, S.A., y
Facultad de Filosofía y Letras,
Universidad Nacional Autónoma de México.

ISBN: 968-853-385-8

Impreso en México - Printed in Mexico

Sumario

PRÓLOGO

Sabio es el que aplica […] enseñanzas sacadas de experiencias vividas […]. Al hombre sabio […] lo han instruido […] la observación personal, el trato frecuente con otros hombres, el sufrimiento y la lucha, el contacto con la naturaleza, la vivencia intensa de la cultura […]. Sabio […] es el que puede distinguir en cada circunstancia lo esencial detrás de las apariencias, el que puede integrar en una unidad concreta las manifestaciones aparentes de un objeto; sabio es también el que, en cada situación individual, puede distinguir mejor lo verdaderamente importante, y para ello tiene una mirada más sagaz que los otros. […] No todos pueden acceder a la sabiduría; pocos tienen, en verdad, condiciones para compartirla. Entre la muchedumbre, la sabiduría elige a los suyos; a diferencia de la ciencia, ella sí «hace acepción de personas». Se niega a los espíritus vulgares, superficiales; llama a los seres sensibles, discretos, profundos.

LUIS VILLORO

Éstas son las palabras con que Luis Villoro analiza el concepto de sabiduría,[1] y parecerían haber sido escritas pensando en Fernando Salmerón (1925–1997), uno de los más destacados filósofos de Iberoamérica, quien mantuvo a lo largo de toda la vida una ejemplar coherencia entre su pensamiento y sus acciones. Filósofo de la moral, de la educación y de la cultura, Salmerón fue un hombre íntegro, un educador y un conductor de instituciones de educación superior, y por su pensamiento y por sus acciones, un impulsor y un pilar de la comunidad de pensamiento iberoamericana.

En el presente volumen se recogen algunas de las principales contribuciones de Fernando Salmerón para comprender algunos de

[1] Villoro, pp. 226–227.

los acuciantes problemas morales y políticos planteados por la diversidad cultural en América Latina, y para encontrarles vías de solución aceptables. En estas páginas, Salmerón ofrece una guía para fundamentar éticamente el derecho de los grupos étnicos tradicionales no sólo a sobrevivir, sino a florecer, manteniendo al mismo tiempo la unidad nacional y el más profundo respeto por la dignidad de la persona. Junto con ello, Salmerón analiza el problema de la tolerancia y el de la identidad colectiva, la idea de comunidad de pensamiento en lengua española y, finalmente, hace una reflexión teórica acerca de la moralidad y las tareas de la ética como disciplina filosófica.

Con excepción de «La tolerancia», los demás artículos fueron publicados previamente por separado. Salmerón siempre tuvo en mente desarrollar en libros más acabados las ideas que en ellos expresa. La muerte lo sorprendió en medio de la multitud de tareas que estaba acostumbrado a desempeñar, sin permitirle llevar adelante sus acariciados planes de ulteriores desarrollos de estas reflexiones. Nos quedamos así privados de lo que sin duda habría constituido uno de los más ricos tratamientos de los problemas morales en torno a la diversidad cultural. Sin embargo, el volumen que el lector tiene en sus manos contiene ya delineadas, y desarrolladas en buena medida, las ideas centrales de Salmerón. El valor intrínseco y la importancia de estas ideas para los problemas actuales del mundo, ya no digamos de América Latina, justifican de sobra la publicación póstuma del presente volumen.

Los problemas morales de la diversidad cultural

La propuesta de Salmerón ante los problemas morales planteados por la diversidad cultural de los países latinoamericanos se centra en la justificación de las políticas multiculturales que reconozcan el derecho de los diferentes grupos étnicos a existir como tales y a que florezca su cultura, respetando al mismo tiempo la dignidad y la autonomía de los individuos. Pero esto, a condición no sólo de no conducir a un desmembramiento de la nación, sino también de mantener las unidades nacionales, e incluso de fortalecer el desarrollo de una comunidad transnacional, a saber, la comunidad de pensamiento iberoamericana.

Para ello Salmerón ofreció un ingenioso fundamento del derecho de los individuos a pertenecer a la comunidad con la que comparten la lengua, la memoria y un proyecto de sociedad. También defendió vigorosamente la idea de que aunque los individuos pertenezcan a culturas diferentes, y por lo tanto tengan distintos intereses y visiones del mundo, la comprensión mutua entre culturas distintas no sólo es posible, sino que las personas tienen la obligación de entenderse y cooperar entre sí para desarrollar proyectos de interés común. En el caso de los países latinoamericanos como México, uno de esos proyectos centrales es el desarrollo de una nación sobre bases que reconozcan la diversidad cultural. Al mismo tiempo, los países iberoamericanos en su conjunto pueden y deben plantearse el proyecto de desarrollar y hacer florecer la comunidad de pensamiento que se identifica por medio de la lengua común, de la historia y de un futuro compartido.

Con sus características honestidad intelectual y valentía, Salmerón sostuvo estas ideas en diversos foros, no exclusivamente académicos. Vale la pena recordar que el Premio Nacional de Ciencias y Artes, máximo galardón que otorga el gobierno de México, le fue concedido en el campo de Historia, Ciencias Sociales y Filosofía, en 1993. La ceremonia de premiación se celebró en Los Pinos, la residencia oficial del presidente de la República, el 24 de enero de 1994, es decir, apenas unos cuantos días después de iniciado el levantamiento zapatista en el estado de Chiapas.

Durante diez días de gran tensión, el gobierno mexicano había intentado poner fin al conflicto por la vía militar. Pero las condiciones mismas del problema, la justicia de las causas reivindicadas por los pueblos indígenas y la movilización de la sociedad civil obligaron a la suspensión de la respuesta militar y a la búsqueda de otras soluciones: soluciones racionales, pacíficas y sobre todo de largo alcance, que aún están por venir.

En ese contexto, Fernando Salmerón no eludió su responsabilidad con la nación, y no pudo sino mostrar una vez más la materia de la que estaba hecho. Al pronunciar el discurso de aceptación del Premio Nacional en nombre de todos los que en esa ocasión fueron distinguidos —discurso que se incluye como apéndice del presente volumen—, Salmerón se dirigió con claridad meridiana al entonces presidente de México, Carlos Salinas, quien encabezaba el acto: «De usted [...] esperamos los mexicanos todos, no solamente los miembros de la comunidad académica, el paso de la violencia al diálogo y el logro de una unidad más respetuosa de las etnias y de los campesinos en pobreza extrema, que reoriente los elementos que pueden contribuir a dar cohesión a una sociedad nacional y favorezcan la creación de nuevas relaciones sociales.»

Palabras no sólo valientes para haber sido pronunciadas en enero de 1994, en Los Pinos, sino también sabias. Sabias en su dimensión política y sabias por el proyecto de nación plural al que apuntan. Única solución real y profunda para la problemática de la diversidad cultural de México.

Salmerón mantuvo esa preocupación hasta el final de sus días. Poco después de la premiación, en julio de 1994, fue invitado a dictar una de las conferencias plenarias en el Congreso Interamericano de Filosofía, celebrado en esa ocasión en Bogotá, Colombia. El tema de su conferencia fue el de los «Problemas morales de la diversidad cultural».[2] En esa conferencia, Salmerón desplegó de nuevo sus virtudes intelectuales: su profundo conocimiento de la historia de la filosofía y la idea de recurrir a ella no como alarde de erudición, sino para mostrar que las tradiciones filosóficas pueden aproximarnos a problemas sociales reales, y que si se aplican de manera innovadora y se les da un giro creativo —como lo hizo él—, resultan ser herramientas muy útiles para comprender los problemas de nuestra sociedad contemporánea, así como para proponer soluciones. Posteriormente Salmerón desarrolló sus ideas al respecto en sendos trabajos sobre «La filosofía y la tolerancia» y sobre «Ética y diversidad cultural». Ambos se incluyen en este volu-

---

[2] Publicado en *El trabajo filosófico de hoy en el continente. Memorias del XIII Congreso Interamericano de Filosofía*, Carlos B. Gutiérrez (comp.), Bogotá, Sociedad Interamericana de Filosofía/Sociedad Colombiana de Filosofía, 1995, pp. 121–130.

men. El primero se publica por primera ocasión («La tolerancia»),
y el segundo constituyó su contribución al volumen sobre cuestiones morales de la *Enciclopedia Iberoamericana de Filosofía* (se publica aquí con el título de «Los problemas morales de la diversidad
cultural»).

Una de las contribuciones más importantes de Salmerón en
estos trabajos es proponer una modificación en el aparato conceptual de la tradición kantiana —su favorita—, mediante la incorpo-
ración de otro concepto ya introducido en la filosofía occidental
desde tiempo atrás y que, en su opinión, resulta indispensable para
desarrollar el proyecto de nación multicultural por el que abogó
desde su discurso de recepción del Premio Nacional. Se trata del
concepto de «necesidad humana básica» —en cuya importancia ha
insistido ampliamente Ernesto Garzón Valdés [véase, por ejemplo,
Garzón Valdés]—. Salmerón articula ingeniosamente y de manera
novedosa el entramado kantiano para dar paso a una idea de tolerancia especialmente pertinente para ser aplicada en el contexto
multicultural de los países latinoamericanos y para fundamentar
políticas multiculturales, éticamente justificables, cuyo límite se
encontraría en el respeto a la dignidad y la autodeterminación de
las personas.

La tolerancia

En el capítulo «La tolerancia», Salmerón hace un cuidadoso análisis de este concepto, y una aplicación a la realidad de los países
latinoamericanos, donde coexisten culturas tradicionales dentro
del escenario político de una cultura nacional y un Estado hege-
mónicos y modernos. Sin duda, tal escenario exige actitudes tolerantes por parte de los miembros de la sociedad moderna, de los
miembros de las sociedades tradicionales y del Estado.

En primer lugar, Salmerón analiza cuidadosamente el concepto, desbroza el terreno para hacer una limpia aplicación, y explica
en qué sentido es correcto hacer una analogía y hablar no sólo de
personas tolerantes, sino de entidades colectivas tolerantes.

Salmerón subraya que lo importante de la tolerancia no estriba en la coexistencia de cuerpos de creencias, doctrinas o conductas opuestas entre sí, sino que se trata de la «tolerancia acerca de las personas en tanto que detentadoras ellas mismas de una capacidad de imaginar y practicar ideas y costumbres, y de proseguir fines y proyectos de vida que pueden ser opuestos». Por eso decimos que una persona realiza un acto de tolerancia «cuando en atención a razones y a pesar de tener competencia para hacerlo, no impide algún acto de otra, cuya ejecución lastima sus propias convicciones».

Al examinar las razones en favor de la tolerancia, Salmerón insiste en un principio de igualdad que si bien está en la base, no proviene del orden jurídico, sino, por el contrario, es el que fundamentará el derecho a la igualdad de las personas ante la ley. «De lo que realmente se trata es de la dignidad de la persona, definida fundamentalmente por su capacidad para elegir fines y proseguir racionalmente su propio plan de vida. Una forma de autodeterminación que constituye la identidad personal, y cuyo carácter racional concilia plenamente los dos imperativos kantianos de universalidad y autonomía. La igualdad, por tanto, de la dignidad de los individuos como sujetos morales, nunca la igualdad de sus fines y proyectos de vida.»

Ésta es una de las ideas clave a las que Salmerón fue fiel en toda su obra, y que no sólo fundamenta su defensa de la tolerancia y el respeto a la diversidad cultural, sino que también deja claros los límites de ese respeto: no traspasar la esfera de la dignidad y la autodeterminación de las personas.

Éste es el hilo que engarza los tres primeros capítulos: la defensa de la tolerancia, en los planos individual y de entidades colectivas; la defensa de la necesidad de las personas —concebida como *necesidad humana básica*— de pertenecer a una comunidad con la cual se identifican y comparten la lengua, la memoria y un proyecto futuro, y el reconocimiento del papel constitutivo de las comunidades para la identidad personal. Pero en donde todo está basado, y por consiguiente encuentra sus límites, es en la dignidad y la autonomía de la persona, en su capacidad como agente moral.

ÉTICA Y DIVERSIDAD CULTURAL: LA NECESIDAD HUMANA BÁSICA DE PERTENENCIA
A UNA CULTURA

En el capítulo «Los problemas morales de la diversidad cultural»,
Salmerón desarrolla el argumento para considerar básica la necesidad que, según recuerda, fue ya señalada y defendida por el filósofo Johann Gottfried Herder en el siglo XVIII: «la necesidad de
pertenecer a un grupo particular al que uno se sienta unido, entre
otras cosas por la comunidad de lenguaje, de territorio, de costumbres o de recuerdos comunes». Al mismo tiempo que propone
aceptar esta idea, Salmerón insiste en mantener abierta la línea de
inspiración kantiana de la dignidad y de la autonomía, que es inseparable del diálogo y de la argumentación crítica.

Salmerón hace ver que la idea de Herder puede justificarse desde un punto de vista moral en términos de los fines que la ética de
Kant reconoce como obligación, a saber, la felicidad de los otros.
Las comunidades —dice Salmerón— deberían tener una obligación
con respecto a la felicidad de sus miembros, la cual se podría lograr
de maneras diversas, de acuerdo con sus planes de vida, y eso re-
queriría la participación de todos los que integran la comunidad y
debería ser una cuestión de política pública.

Sobre la base de esas ideas, Salmerón desarrolla el modelo según el cual es posible extender el concepto de dignidad a las comunidades, y cabe reconocer los derechos de las comunidades como
algo más que sólo derechos jurídicos, pero sin confundir derechos
morales y derechos jurídicos, y preservando intacta la esfera de la
dignidad personal.

Al proponer este modelo, Salmerón no sólo hace una contribución positiva al debate, sino que además comenta de manera
constructiva las sugerencias de otros filósofos latinoamericanos que
han participado en estas discusiones, especialmente las de Ernesto
Garzón Valdés y las de Luis Villoro, y con ello ayuda a cerrar más
el tejido de la comunicación dentro de la comunidad de pensamiento en lengua española. Rasgo éste característico de su vida y de
su obra, al que se volverá al comentar otro texto que se incluye en
este libro: «Cultura y lenguaje».

En «Los problemas morales de la diversidad cultural», Salmerón también articula una crítica a ciertos puntos de vista sobre el multiculturalismo que han sido muy influyentes en el mundo en tiempos recientes. En particular critica el modelo defendido por Charles Taylor en su conocido artículo «Multiculturalism» [Taylor]. Salmerón muestra que Taylor pasó por alto un punto importante de la ética kantiana, precisamente el que a él le permite fundamentar, desde la perspectiva de esa tradición, el derecho a pertenecer a un grupo. La discusión no versa sobre un asunto de erudición histórica; lo que está en juego es la posibilidad de construir hoy en día un modelo adecuado para abordar los problemas de las sociedades contemporáneas multiculturales.

Según Salmerón, Taylor rechaza la perspectiva kantiana porque pasó por alto una fina distinción que se encuentra en *La fundamentación de la metafísica de las costumbres*. Se trata de la distinción entre dos posibles principios de la moralidad, de acuerdo con la cual se oponen «dos fines de la vida de signo positivo, que pueden ponerse en relación con nuestros deberes: "la propia perfección" y "la felicidad ajena"».

Es posible proyectar estos dos principios a la esfera pública, pero entonces el ideal de perfección sólo puede pensarse en términos negativos. La propia perfección únicamente puede ser un asunto propio, individual y privado. Las comunidades sólo pueden mantener espacios abiertos para la realización de los planes de vida, preservando la dignidad y la autonomía de las personas. «Por contraste, el deber de justicia, que consiste en contribuir a la felicidad *ajena*, es un deber perfecto que nos compete a todos y, más que a nadie, a nuestras organizaciones y poderes.» Éste es el movimiento clave mediante el cual Salmerón fundamenta, dentro de la tradición kantiana, el derecho de los individuos a pertenecer a una comunidad, así como las obligaciones de la comunidad frente al individuo.

Salmerón subraya que el concepto de dignidad sólo puede concebirse como un fin negativo: establece los límites que nadie puede traspasar y, por consiguiente, esos límites son inamovibles incluso frente a los derechos del grupo.

Taylor no contempla la posibilidad de considerar que la idea de la necesidad de pertenecer a una comunidad es una necesidad humana básica. Más aún, señala Salmerón, de manera equivocada atribuye el origen del punto de vista liberal conservador de que el Estado y las comunidades deberían permanecer neutrales con respecto a las elecciones de los individuos a las ideas de Kant acerca de la dignidad. Y por eso es que Taylor rechazó el modelo kantiano. Pero Taylor no vio ni la fina distinción a la que alude Salmerón, ni la concepción de la dignidad como un fin negativo. Si Taylor se hubiera dado cuenta de esto, alega Salmerón, no sólo habría tenido que aceptar el modelo kantiano, sino que habría visto que la idea de Herder es compatible con el esquema de Kant y habría contado con el poderoso aparato conceptual kantiano para fundamentar su teoría moral del multiculturalismo.

La identidad personal y la colectiva

Los programas éticamente aceptables en políticas multiculturales requieren actitudes y políticas tolerantes. Y la fundamentación de tales programas y políticas exige ideas claras acerca de la tolerancia y el problema de la identidad, tanto la personal como la colectiva.

Salmerón planteó claramente los problemas de la relación entre las identidades personal y colectiva, y los problemas morales y políticos de la diversidad cultural en la introducción que escribió para un volumen que recogió los trabajos en torno a estos problemas de cinco filósofos de diversos países. Esos textos fueron presentados en un simposio organizado por el Institut International de Philosophie, del cual Salmerón era miembro, que se celebró en la ciudad de México, en 1991, a instancias del propio Salmerón.[3]

---

[3] El volumen recoge las cinco contribuciones al simposio: del filósofo francés Pascal Engel, del filósofo de origen indio residente en Estados Unidos J.N. Mohanty, del filósofo japonés Tomonobu Imamichi, del filósofo mexicano Luis Villoro, y del autor de este prólogo.

En ese texto, que se reproduce completo en el presente volumen (capítulo «La identidad personal y la colectiva»), Salmerón plantea con claridad el problema: «¿Qué son las colectividades en relación con las personas que las integramos, y qué podemos saber de su comportamiento? Si nuestro conocimiento de ellas, además de la mera experiencia vivida, está fundado sobre todo en nuestra memoria y en nuestra imaginación, ¿es lo bastante recio como para apoyar en él nuestras decisiones morales? ¿Qué tenemos que saber de ellas —y de nosotros mismos en ellas— cuando intentamos comprenderlas y comprometernos en decisiones políticas que las afectan como entidades colectivas?»

Con estas preocupaciones en mente, Salmerón ofrece un repaso de las principales tesis que confluyeron en ese simposio y que son representativas de las discusiones actuales en torno a la identidad. Salmerón subraya el contraste entre los enfoques occidentales y orientales, por ejemplo sobre la cuestión de saber qué es una persona (entre los cinco ponentes se encontraba el profesor Tomonobu Imamichi, de la Universidad de Tokio). Salmerón dice que «parecería que la tradición occidental ha tenido que partir de la subjetividad hasta alcanzar la dimensión social de las personas —aunque no olvide nunca que una cosa requiere la otra— y, solamente cuando ese aspecto ha quedado a salvo, ha transitado al problema de las entidades colectivas. Y a propósito de éstas ha dejado abierto todavía el campo de tensiones de la intersubjetividad, al que no deja de acudir el lenguaje de las personas, en tanto que la tradición de pensamiento de los orientales parece haber tomado el mismo camino, pero en la dirección inversa.» Pero sea cual sea el punto de partida, a Salmerón le interesa dejar claro que ninguno de los proyectos confunde los problemas del «sentido original de la persona» y de las «complejas condiciones de su identidad». Y más aún, que la adecuada fundamentación de una teoría que reconozca los derechos colectivos, no como meros derechos jurídicos, sino como auténticos derechos morales, debe asumir, como «una actitud moral fundamental», «la conciencia de sí, como la construcción de una imagen congruente de la propia vida y de su lugar en el mundo».

Sobre la débil base del juicio moral de la persona tiene que montarse la justificación última de las formas de vida, la participación en el
proceso público de las tradiciones y la propia membresía en las entidades colectivas. Con esto queda a salvo el lenguaje de primera persona en el campo de la moralidad y se acentúan los rasgos de autonomía de la ética.

La muerte sorprendió a Salmerón sin permitirle elaborar más a
fondo la problemática de la identidad personal y la colectiva; por
esta razón se decidió incluir íntegra, en este volumen, aquella introducción, pues en sus comentarios a la discusión deja claramente
asentados sus acuerdos y discrepancias, así como sus preferencias.
Gracias a ello podemos ofrecer un panorama más completo del
pensamiento de Salmerón.

Lo que Salmerón sí pudo retomar, como ya se vio, fue la fundamentación ética del derecho de los individuos a pertenecer a
un grupo, para lo cual reconoce el papel de la comunidad en la
que se desarrolla el individuo en la conformación de la identidad
personal: «Mi propia identidad como persona viene a ser, por
tanto, el resultado parcial de una negociación con los demás
miembros de las comunidades en que participo, y de la manera
en que me apropio de sus ideales y sus creencias, de sus normas
y de sus gustos. Hasta el punto en que bien pueda ser que la realización misma de un ideal de perfección y de vida buena se haga
posible y se acreciente en esa participación y dentro de esa comunidad, y el desarrollo de mi identidad dependa del reconocimiento de los otros y gane su lugar en el intercambio.»

Este aspecto es lo que constituye uno de los fundamentos de la
llamada «política del reconocimiento», o «el derecho a la diferencia».
Pero entonces hay que advertir, dice Salmerón, que «una consecuencia mayor de esta interpretación de la dimensión social de
la identidad —que se aplica también a las colectividades— es que
la política del reconocimiento adquiere un rango singular. Porque
lo mismo en las personas que en los grupos, un reconocimiento humillante o simplemente inferior puede contribuir a deformar la imagen que una persona o una colectividad tienen de sí mismas.» Y bien

podemos añadir: y por consiguiente, no se trata sólo de una mera «interpretación» humillante de esa identidad, sino que es la identidad misma la que está siendo objetivamente humillada o sojuzgada.

Pero es preciso subrayar que aceptar la idea de que las personas no existen independientemente de los papeles que desempeñan en cierta sociedad no implica aceptar que el Yo y la identidad personal se reduzcan al papel social que tienen dentro de cierta comunidad. Salmerón subraya este aspecto, lo que le permite mantener abierta «la línea de inspiración kantiana de la dignidad y la autonomía, que es inseparable del diálogo y de la argumentación crítica». De esta manera, sin dejar de reconocer que en efecto las personas se constituyen socialmente, de forma dialógica, tampoco se cae en el «olvido de las capacidades autónomas del individuo para la acción moral».

Cultura y lenguaje

A propósito de la idea de Herder y la necesidad de la que surge el derecho, que Salmerón justifica éticamente, de pertenecer a una comunidad cuyos miembros comparten las memorias, las tradiciones, la lengua y, sobre todo, un proyecto común, no puede haber lugar a dudas acerca de la profunda identificación que Salmerón sentía con la cultura de la lengua española.

Ésta es otra faceta del pensamiento y la obra de Fernando Salmerón: la estrecha conexión entre sus concepciones acerca de la cultura y su labor personal en la construcción y el fortalecimiento de la comunidad de pensamiento en lengua española, lo que equivale a decir: en la preservación y el desarrollo de la cultura iberoamericana.

«Cultura y lenguaje» es el título y el tema de la espléndida conferencia que Salmerón pronunció en el contexto de un encuentro de filósofos de lengua española de diversos países, y que se incluye como uno de los capítulos del presente volumen.

En esa conferencia, Salmerón desarrolla una ingeniosa idea con la que da cuenta de un proyecto filosófico común, de pensamiento y de cultura, que agrupa a los países de lengua española. Mantiene ahí la distinción entre «filosofía» y «pensamiento» que le gustaba hacer, siguiendo a su maestro José Gaos, según la cual el pensamiento se entiende como un concepto que alcanza «a la filosofía en sentido estricto, pero también a las ideas expuestas con métodos científicos o expresadas en la literatura a propósito de problemas de circunstancias». En ese texto defendió de nuevo y de manera vigorosa las ideas que compartió con su maestro, y que en gran medida gracias a sus esfuerzos se han ido realizando: mayor comunicación entre las comunidades de pensamiento en los países hispanohablantes; la necesaria atención a nuestras tradiciones culturales y a sus clásicos en materia de historia de las ideas; la importancia de hacer valer la propia lengua en la comunidad filosófica internacional, toda vez que esa lengua forma parte de la tradición de pensamiento y de la cultura a la que uno pertenece. Además, Salmerón abogaba por algunas cuestiones de orden práctico que habían sido también el sueño de su maestro Gaos, como la realización de un gran congreso que convocara a todos los pensadores del mundo hispanohablante.

En este aspecto vale la pena señalar que, gracias en gran medida a la labor de Salmerón, el proyecto de la *Enciclopedia Iberoamericana de Filosofía* lleva ya varios años en marcha, y cuenta con frutos maduros (quince volúmenes publicados hasta fines de 1997). Además, en septiembre de 1998 se llevará a cabo en España el I Congreso Iberoamericano de Filosofía, sueño de Gaos y del propio Salmerón.

Volviendo al trabajo sobre «Cultura y lenguaje», entre sus conclusiones Salmerón dice que «aquellos que, sin dejar de ser nacionales, no queremos ser nacionalistas; pero que tampoco nos hacemos ilusiones respecto de los imperios ni esperamos en poco tiempo una vida intelectual planetaria, sentimos bajo los pies la tierra sólida cuando nos afirmamos sobre las culturas nacionales de los países que comparten las lenguas que han nacido en la península ibérica.»

Y luego agrega: «esto es, para nosotros, la isla de Rodas». Salmerón alude a una de las interpretaciones de un adagio griego que Hegel menciona en el prefacio de su *Filosofía del derecho*. Traducido al español, el proverbio griego, que Hegel comenta además en traducción latina (probablemente de Erasmo, como señala Salmerón), dice: «Aquí es Rodas, aquí hay que saltar.»

Según una primera interpretación de Salmerón, el proverbio significa que «cada uno es hijo de su tiempo —y sabe que no puede saltar más allá de ese tiempo—». Ése es el sentido en el que Salmerón dice que las culturas nacionales que comparten las lenguas ibéricas son «para nosotros la isla de Rodas». Son la realidad cultural de donde podemos tomar nuestras opciones, y no es posible saltar más allá de esa realidad, en el sentido de que no podemos y no debemos negar nuestra cultura, nuestra tradición, nuestro lenguaje y nuestros problemas, so pena de embarcarnos en puras construcciones de la imaginación.

Por eso, entre otras razones, y aunque muchos de sus trabajos fueron publicados o traducidos a otros idiomas, de manera deliberada —como muchos humanistas iberoamericanos—, Salmerón quiso siempre escribir y publicar principalmente en español, consciente del significado que esto tiene para la preservación y el florecimiento de nuestra cultura.

Pero Salmerón comenta dos interpretaciones más del adagio. Una dice que el proverbio se aplicaba a quienes estaban dispuestos a hacer alarde de sus hazañas en lugares lejanos, pero que difícilmente las mostraban en su lugar de origen de manera efectiva. «Aquí es Rodas, aquí hay que saltar», entonces, es una exigencia de mostrar que uno es capaz de hacer lo que pregona. Salmerón señala que, aplicado a la filosofía, el proverbio «trata de una exigencia de objetividad: no basta con el convencimiento privado de una opinión, hace falta el control de validez intersubjetiva». Con esto Salmerón defiende una vez más la exigencia de claridad, de rigor y de argumentación racional que él siempre practicó, desechando la idea de la filosofía como mera opinión, incapaz de sujetarse a pruebas de validez objetiva.

Muestra de la forma en que se exigía a sí mismo el cumplimiento de esas condiciones es precisamente el capítulo «La ética y el lenguaje de la moralidad» de este volumen, en el que Salmerón desarrolla algunas reflexiones teóricas al respecto, mediante el análisis de cuatro niveles del discurso moral y cuatro niveles de estudio de la ética. Como él bien lo explica, la ética propiamente dicha es una disciplina filosófica cuyo objeto de estudio son las doctrinas morales sistemáticas y la moralidad reflexiva. La ética es una empresa diferente con respecto a éstas y «requiere una mínima distancia de las urgencias de la vida práctica».

La ética no tiene por tarea «dictar normas, ni justificar principios ni comportamientos», sino que «ensaya [...] procedimientos generales de validación, por medio de los cuales pueden los imperativos hallar justificación», y por tanto ofrece «fórmulas vacías que permiten someter a prueba cualquier regla». La ética ofrece criterios formales que cumplen una función regulativa, que se mantienen abiertos a la discusión y pueden ser cambiados en el momento en que resulten inadecuados.

Ahora bien, una vez reconocidos los límites formales de la ética, Salmerón insiste en que «los criterios formales suponen decisiones metodológicas que no son autosuficientes desde el punto de vista de su justificación como tarea humana. La filosofía permanece como una actividad de segundo orden» (es decir, como una actividad que reflexiona sobre la moralidad).

¿Hay, sin embargo, alguna justificación moral de la ética como tarea humana? La respuesta tajante de Salmerón es que sí, pues las funciones teóricas y críticas de la ética están marcadas por las actitudes morales de las personas y encuentran su fundamento en el carácter omnicomprensivo y totalizador de las concepciones del mundo. La justificación moral de la ética como tarea humana, para Salmerón, depende a final de cuentas de ese «núcleo de origen de la filosofía como sabiduría o concepción del mundo», y se trata simplemente de una conexión práctica, de una relación de orden moral y no de una relación lógica.

La ética, pues, como tarea filosófica en sentido estricto, como reflexión sobre la moralidad, mantiene un terreno de neutralidad. Pero pensada en la totalidad de sus relaciones con la esfera de las actividades humanas es insuficiente para justificarse a sí misma. Por eso es necesario ver que la ética está englobada en el núcleo de origen de la filosofía como concepción del mundo. Ahí toda neutralidad ha terminado, y la ética sólo puede justificarse como tarea humana en relación con una concepción del mundo y con compromisos asumidos en el terreno de la moralidad. Ésa fue la posición teórica de Salmerón y ésa fue su posición práctica al desarrollar sus concepciones éticas y morales.

Regresando finalmente a la tercera interpretación del adagio mencionado en «Cultural y lenguaje», Salmerón recuerda que la «palabra griega para Rodas puede significar también una rosa; y el verbo "saltar", en latín, vale también como el imperativo de danzar». Según esta interpretación, el adagio puede traducirse como «Aquí está la rosa, aquí hay que danzar.» Y lo que quiere decir es que la tarea del filósofo, que tiene de su lado a la razón, «es encontrar la alegría en la realidad presente que describe: la filosofía puede danzar en este mundo real, sin necesidad de posponer la alegría para una futura construcción imaginaria».

Salmerón propone aplicar el proverbio, así interpretado, a la comunidad filosófica, a la comunidad de pensamiento y a la cultura iberoamericana toda, de modo que simbolice la alegría sentida al reconocerse, al reconocer su existencia real con su propia identidad, con sus proyectos propios, y como parte del concierto mundial. Por ello, enseñaba Salmerón, no hay que cejar en el empeño de que nuestra comunidad de pensamiento integre su propio diálogo, para participar *desde él* en el diálogo internacional, dejando atrás toda forma de dominación o subordinación.

Seguramente sin darse cuenta de ello, con esas bellas palabras Salmerón también mostraba la esencia de su vida y de su pensamiento, pues él nunca contaba a los suyos las hazañas que hacía en tierras lejanas, sino que siempre mostraba en su medio sus habilidades de manera efectiva, sometiéndose invariablemente al control de las pruebas más estrictas de calidad y objetividad. Sin lugar a dudas, Salmerón fue un hijo predilecto de la cultura iberoamericana, desarrolló un pensamiento auténtico y original para abordar los problemas de nuestra sociedad y expandir nuestro horizonte cultural: un horizonte moldeado por la herencia ibérica y por las diversas culturas americanas, muchísimas de ellas vivas, que conforman un muy rico mosaico cultural.

El pensamiento de Fernando Salmerón fue, con la razón de su lado, como la danza alegre de la filosofía a la que él hacía referencia. También así fue su vida: alegre, plena, y llena de amor a su familia, a sus amigos, a sus colegas, a sus discípulos. Por eso su huella es imborrable, y su figura, como su pensamiento, es ya parte de la historia iberoamericana. Sirva el presente volumen como testimonio de ello.

León Olivé

BIBLIOGRAFÍA

Garzón Valdés, Ernesto, *Derecho, ética y política*, Madrid, Centro de Estudios Constitucionales, 1993.

Olivé, León y Fernando Salmerón (comps.), *La identidad personal y la colectiva*, México, Instituto de Investigaciones Filosóficas, UNAM, 1994.

Salmerón, Fernando, [1], «Cultura y lenguaje», *Ensayos filosóficos*, México, SEP, 1988, pp. 189–203.

——— [2], «La diversidad cultural y el espacio del diálogo» (discurso pronunciado en la entrega del Premio Nacional de Ciencias y Artes 1993, residencia oficial de Los Pinos, 24 de enero de 1994), *Boletín de la Academia*, México, Academia de la Investigación Científica, no. 18, mayo-junio de 1994, pp. 4–5.

——— [3], «Problemas morales de la diversidad cultural», en Carlos B. Gutiérrez (comp.), *El trabajo filosófico de hoy en el continente, memorias del XIII Congreso Interamericano de Filosofía*, Bogotá, Sociedad Interamericana de Filosofía/Sociedad Colombiana de Filosofía, 1995, pp. 121–130.

——— [4], «Ética y diversidad cultural», en Osvaldo Guariglia (comp.), *Cuestiones morales*, volumen 12 de la *Enciclopedia Iberoamericana de Filosofía*, Madrid, Trotta-CSIC, 1996, pp. 67–85.

Taylor, Charles, «The Politics of Recognition», en Amy Gutmann (comp.), *Multiculturalism. Examining the Politics of Recognition*, Princeton, N.J., Princeton University Press, 1994.

Villoro, Luis, *Creer, saber, conocer*, México, Siglo XXI, 1982.

La tolerancia

En sus orígenes históricos, el concepto de tolerancia y su contrario se usaron sobre todo en contextos religiosos. Es decir, en relación con problemas surgidos por la presencia de individuos con distintas creencias, en el interior de una comunidad religiosa; pero también por problemas surgidos de la coexistencia de grupos de personas con creencias religiosas diferentes. En los tiempos modernos, sin embargo, la influencia del pensamiento ilustrado contribuyó —al menos en algunos países— a desplazar el centro de interés de la tolerancia de los problemas religiosos hacia cuestiones más estrictamente de orden político y acaso moral. Y en los días actuales, el primer plano de la atención abarca otras diferencias que, en términos generales, se suelen calificar de diferencias étnicas, lingüísticas o culturales.

Lo anterior no quiere decir, desde luego, que aun en los planteamientos más abiertos de intolerancia étnica, por ejemplo, no estén mezclados otros elementos de orden religioso, político o moral. La calificación misma de diferencia cultural puede abarcarlos todos y aun ocultar por completo los propiamente étnicos. Por eso mismo, parece aconsejable simplificar los planteamientos iniciales a partir de alguna experiencia contemporánea, en busca de un deslinde más fácil de las razones de la tolerancia, para hacer ver en qué podrían consistir su promoción y sus dificultades.

La intensidad de las comunicaciones en todo el mundo y el fácil tránsito de las personas, al multiplicar los contactos entre las culturas diversas, han hecho más visibles sus diferencias y propiciado reacciones parecidas en el interior de los estados nacionales. El ideal cosmopolita de la Ilustración tropezó primero, en el siglo XIX, con el desarrollo de los grandes estados nacionales y, en la segunda mitad del siglo nuestro, se ha encontrado con el florecimiento de las culturas regionales en el interior de cada estado nacional. Se entiende así la actualidad generalizada del tema de la tolerancia como materia de reflexión filosófica y como valor moral orientador de la política y de la vida cotidiana. Pero se entiende también que las formas de la tolerancia y sus razones no sean exactamente las mismas que, por ejemplo, las aducidas en otro tiempo para el contexto de los conflictos religiosos.

No debe resultar extraño, por tanto, que en las páginas que siguen me ocupe principalmente de los conflictos de grupos de cultura tradicional, dentro de escenarios políticos más amplios de una cultura nacional hegemónica y moderna. Tengo presente la experiencia de mi propio país, pero prescindiré por completo de toda anécdota.

Se dice que una persona realiza un acto de tolerancia cuando, en atención a razones y a pesar de tener competencia para hacerlo, no impide algún acto de otra, cuya ejecución lastima sus propias convicciones. Es una forma de omisión que, sin embargo, no se describe suficientemente si no se añaden un par de advertencias y se precisan ciertas condiciones. La primera advertencia consiste en aclarar que también podemos calificar de tolerante el comportamiento de una autoridad o de un grupo social, pero que en estos casos sólo extendemos el sentido del término con los recursos de la analogía. La segunda es que la consideración de un acto aislado puede conectarse con la disposición de alguien para repetir, en circunstancias semejantes, el mismo comportamiento; entonces podemos hablar de la propiedad de una persona de ser tolerante.

Las condiciones que hay que precisar, en el orden inverso al que mantienen en la definición, son las siguientes. En último lugar, he dicho que se toleran los actos que lastiman nuestras propias convicciones. Esto quiere decir que el tolerante no solamente no es un escéptico, sino que su conducta no es equiparable a la indiferencia: posee convicciones acerca de la materia del acto que tolera y, puesto que éste lo lastima, no se trata para él de un asunto trivial. De atenerse tan sólo a sus propias convicciones —tal vez meros prejuicios o motivos irracionales—, podríamos suponer que habría impedido el acto en vez de tolerarlo. Es la misma consideración que hay que tener en cuenta ante la respuesta del relativista extremo. Esta respuesta no puede ser confundida con la tolerancia, porque el relativista no asume ninguna posición como digna de defensa y, por esto, mantiene una actitud indiferente.

Una segunda condición se refiere a la competencia para impedir el acto que nos lastima —que en sentido amplio puede entenderse como poder—. Toleramos las conductas que creemos erróneas cuando de alguna manera podemos oponernos a ellas y acaso impedirlas, pero no hablaríamos de tolerancia si tuviéramos que soportar los mismos actos por la fuerza de la coacción, sea por debilidad o por incompetencia. Ya en el límite, todavía es posible imaginar fórmulas que, en un primer examen, son imprecisas: por ejemplo, cuando el poder no está en uno de los dos lados, sino que las fuerzas se equilibran y se imponen los principios de reciprocidad que son la base de las concertaciones. En estos casos, habrá que examinar a fondo las razones de la concertación, para saber si no se trata de una resignación pasiva frente al acto presumiblemente erróneo.

Con esto se toca la primera de las tres condiciones señaladas, porque la decisión de permitir el cumplimiento de un acto ajeno, que por erróneo daña nuestras convicciones, aunque tengamos competencia para impedirlo, no puede menos que encontrar justificación en algunas razones de mayor peso que el propio daño. Sin la ponderación de esas razones no se puede entender la tolerancia, ni es posible deslindarla de otros comportamientos de naturaleza diferente, como podrían ser las omisiones involuntarias, las diversas formas de desinterés por las acciones de los otros, las distintas maneras de soportarlas por impotencia o temor, o cualquiera otra forma pasiva de resignación o de paciencia esperanzada en la suspensión, sin intervención nuestra, del acto que lastima.

Ahora bien, ponderar razones obliga, frente al riesgo de los prejuicios, a considerar las buenas razones en favor de la tolerancia. Porque ni es ésta una virtud sin límites, ni toda intolerancia es fanatismo.

Las primeras razones —probablemente también las más superficiales— son las de la prudencia política, que lindan con la astucia o con la conveniencia pasajera. Se aludió a ellas antes, al insinuar una de las formas de la conducta tolerante que, ante el equilibrio de las competencias, apoya sus concertaciones en los principios de la reciprocidad. Sin embargo, el simple enunciado de meros acuerdos de tolerancia recíproca es suficiente para suponer la debilidad de sus razones últimas, porque deja caer el peso de sus bases en el puro equilibrio de fuerzas como medida transitoria.

No se podría decir, sin embargo, que este ejercicio elemental de tolerancia carece de ventajas prácticas: por lo pronto no implica la renuncia de la propia convicción y permite detener conflictos inmediatos. Solamente por eso habría que reconocer que, de entrada, ofrece mejores resultados que la intolerancia, cuya experiencia histórica parece probar no sólo la reafirmación de los conflictos, sino la proliferación de las conductas perseguidas. Pero sus perspectivas a largo plazo permanecen precarias pues, al depender del equilibrio de las fuerzas, no da lugar siquiera a la comprensión del punto de vista ajeno y a la apertura de la persuasión.

La disposición para la persuasión supone, frente a las posibilidades de la coacción o de la mera aceptación pasiva de una situación que se piensa pasajera, un acto permanente de confianza en la razón para dirimir controversias entre los seres humanos. En cierto momento representó una de las grandes enseñanzas de la Ilustración, y en la política moderna ha venido a ser una disposición fundamental de la vida democrática. No obstante, lo que más importa aquí es su significado moral, porque como disposición de benevolencia hacia los otros no exige la renuncia a la propia convicción, más bien introduce una visión del hombre capaz de contemplar los intereses ajenos sin indiferencia. En el fondo, es un principio moral cuyos orígenes y efectos pueden emparentarse con normas de igualdad jurídicas y políticas, e incluso con interpretaciones epistemológicas nacidas de la idea de que no existen conocimientos absolutamente infalibles. Se puede hablar de parentesco, aunque tal vez sería mejor decir de equivalencia moral entre unas y otras posiciones teóricas; pero en ningún caso de una relación que implique

que implique necesariamente dependencia lógica. Como principio moral, esta visión del sujeto humano puede ofrecer sus propias razones para enfrentar los problemas de la diversidad cultural, cualesquiera que sean sus coincidencias con el derecho, y sin comprometerse por adelantado en las discusiones filosóficas sobre el relativismo y la naturaleza de la verdad.

La tolerancia no es acerca de la posibilidad de que coexistan cuerpos de creencias, doctrinas o conductas opuestas entre sí: es acerca de las personas en tanto que detentadoras ellas mismas de una capacidad de imaginar y practicar ideas y costumbres, y de proseguir fines y proyectos de vida que pueden ser opuestos.

En el núcleo de las razones en favor de la tolerancia hay, desde luego, un principio de igualdad, pero está claro que tal principio no proviene del orden jurídico, y que no sólo desde el punto de vista histórico es previo a las prescripciones de la ley. También queda claro que no se refiere estrictamente a aptitudes cognoscitivas —entendidas como capacidad efectiva de contribuir a la elaboración de un cuerpo determinado de conocimientos—. De lo que realmente se trata es de la dignidad de la persona, definida fundamentalmente por su capacidad para elegir fines y proseguir de un modo racional su propio plan de vida. Una forma de autodeterminación que constituye la identidad personal, y cuyo carácter racional concilia plenamente los dos imperativos kantianos de universalidad y autonomía. La igualdad, por tanto, de la dignidad de los individuos como sujetos morales, nunca la igualdad de sus fines y proyectos de vida.

Ahora bien, por vía de la analogía, ese principio de igualdad registrado en el núcleo de las razones de la tolerancia, al menos parcialmente, se puede aplicar a entidades colectivas. Lo que se dice de fines y de planes de vida de la persona individual, se dice también de colectividades —etnias, pueblos, naciones—, que sobre la base de algunas características culturales logran unificar a la porción mayoritaria de su población alrededor de un proyecto común. Estos planteamientos reproducen también las condiciones de la tolerancia y llevan a la búsqueda de razones análogas para enfrentar los problemas de la diversidad cultural. Su complejidad impide estudiarlos ahora, pero permite trazar el camino por el que se habrá de explorar su solución.

El asunto crucial consiste en llevar la analogía hasta el extremo que permita apreciar que las colectividades están provistas de un proyecto histórico, siempre que se tenga presente que no son sujetos de conciencia como las personas, sino una mera construcción de los miembros individuales del grupo: una representación intersubjetiva al servicio de un plan de vida común. De esta manera pueden ser vistas como unidades culturales dignas de igual respeto en sus formas de vida y en la imagen que tienen de sí mismas. Si se acepta este principio de igualdad entre las culturas como un equivalente moral de la dignidad de las personas por su capacidad para elegir fines y proseguir racionalmente ideales de vida, no surgirá ningún obstáculo adicional frente a las razones de la tolerancia; pero aun si éstas permanecen las mismas, la tolerancia tiene sus límites.

Permanecen las mismas razones, simplemente porque la preservación de una cultura se justifica en términos del bienestar de sus miembros. Por tanto, esas razones son suficientes para el mero tolerar formas de vida diferentes. Pero también lo son cuando se trata de alentar su desarrollo moral y material, y entonces es preciso recalcar este apoyo en consideraciones de libertad y dignidad humanas: es verdad que los compromisos y lealtades que dan sentido a las vidas individuales encarnan siempre en las prácticas sociales de una cultura, pero lo hacen por la decisión libre de cada persona, y con una adhesión que no pierde nunca la capacidad crítica, ni la capacidad de abandonar en bloque la cultura de origen.

En el enlace de estas razones —de libertad y prácticas sociales— hay un supuesto de raíces kantianas en el que encuentra su apoyo la moralidad del pluralismo: la convicción de que el núcleo último de nuestra naturaleza moral no está en el contenido de los fines elegidos como ideales de vida, sino en nuestra capacidad racional para elegir fines.

Se ha dicho que la tolerancia tiene sus límites y que éstos se han de precisar de acuerdo con su significado moral, que en nada se opone a la diversidad de los fines e ideales de vida personal. Nada, en principio, tendría que oponerse a la pluralidad de las culturas. En los dos casos, todo parecería inclinarse en contra de cualquier prohibición que tuviera como consecuencia el empobrecimiento de la posible variedad de manifestaciones del pensamiento humano. La única limitación justificada —que también puede expresarse en términos kantianos— sería la derivada de la coexistencia del arbitrio de uno con la libertad de cada uno de los demás, de acuerdo con una ley universal, que ha de ser la ley de la razón.

La tolerancia, en consecuencia, ha de extenderse a todos, con la sola excepción de aquellos que, en la práctica, rechazan el principio de igualdad que está en el núcleo de las razones en favor de la misma tolerancia: una conclusión fácil por su simplicidad si no se atienden adecuadamente los diversos grados de intolerancia que pueden darse en la realidad, y que requieren también respuestas graduadas según la índole de sus materias; pero, además, si no se considera que muchas veces —de acuerdo con esos grados, naturalmente— ha de valer la pena poner en riesgo la libertad para intentar vencer por persuasión al intolerante. Se trata de una decisión de prudencia, desde luego, pero que en ciertos casos puede abrir la posibilidad a una operación de la tolerancia más eficaz.

Habrá que volver sobre este punto, que ha sido aludido como el riesgo de la libertad, para señalar posibles vías de reflexión en otras direcciones. Pero conviene ahora mantener la atención sobre los límites de la tolerancia, a la vista de un par de ejemplos pertinentes.

El reconocimiento igualitario es la regla de oro de las sociedades democráticas frente a los planteamientos del pluralismo cultural. Es probable, sin embargo, que la misma regla —si se obedece con inteligencia— lleve a reconocer espacios para las diferencias de las comunidades culturales que coexisten dentro del mismo estado nacional. En tal caso, este segundo reconocimiento permanece dentro de ciertos límites: no puede perder de vista el cerco de protección de los derechos fundamentales que guardan la dignidad del ser humano como sujeto moral, que en la vida democrática cuenta, además, con la garantía de las reglas de salvaguarda de las minorías. De la misma manera que el cerco de neutralidad del multiculturalismo de tradición liberal no impone restricción alguna a los grupos sociales, cualesquiera que sean los contenidos de sus ideales de perfección y sus formas de vida, con la sola excepción de aquellas comunidades que, en la práctica, sean incapaces de coexistir con otras y de respetar su capacidad para tener ideales y formas de vida diferentes.

Lo que se acaba de decir, sin embargo, no debe entenderse en el sentido del adelgazamiento de las funciones del Estado nacional, hasta el extremo en que éste se responsabilice solamente de la protección de la libertad de los individuos y de los grupos sociales para elegir sus ideales de vida y concepciones del mundo. Aunque sea igualitaria, en la medida en que el Estado se autolimita en una posición de neutralidad, es también una forma insuficiente de protección, al menos en dos direcciones.

En primer lugar, en la dirección del individuo en su relación directa con una comunidad particular de cultura. Es el caso de una comunidad que, habiendo logrado formas de autonomía dentro del Estado nacional, se hace opresiva en su interior, en detrimento de la dignidad de sus propios miembros y de los extraños que con ella interactúan. Los individuos pueden ver reducidas sus libertades por una política que impone ideales de vida y de perfección moral, con el solo argumento de la autenticidad de una tradición: un criterio siempre discutible que se cierra a los cambios del tiempo y a las reformas que dan vitalidad a una cultura, que fortalece los prejuicios y se aísla frente a otras comunidades. Aquí encuentra su límite la neutralidad del Estado nacional, porque no puede extender sus razones a una cultura no liberal y tiene que utilizar contra ésta medidas de apremio, para oponerse activamente a sus aspectos opresivos y proteger los derechos fundamentales —los derechos humanos— de sus miembros; aunque en cada caso habrá que considerar que no se trate de fallas ocasionales de socialización dentro de una comunidad, sino de rasgos sistemáticos de su cultura.

Otro problema, quizá más frecuente en la situación intercultural, obliga también a prolongar de modo positivo la acción del estado nacional en otra dirección, que parece también una vía muy clara, aunque con límites más difíciles de precisar. La exigencia de respetar por igual a comunidades de cultura diferente —aun con las limitaciones ya dichas— puede tropezar con otras dificultades, cuando se da en aquéllas un ritmo de desarrollo desigual, no tanto en la vitalidad y fortaleza de sus tradiciones, como en sus recursos de orden económico y social. Si la pobreza de recursos —por ejemplo en educación y salud— es tanta que impida la satisfacción de las necesidades básicas de los individuos, puede hacer imposible la realización de cualquier plan de vida, por modestos que fueran sus ideales libremente adoptados. En este caso no se discute el valor de los ideales personales de perfección de un grupo, sino el mínimo de bienestar que los haga posibles, como asunto de política pública. El resultado, a partir de una observación elemental, es la conexión indudable entre la libertad del sujeto moral para concebir fines y planes de vida, y el poder llevarlos a cabo —es decir, el derecho para disponer de los medios indispensables para realizarlos—.

Aquí no podemos entrar en el detalle de esta tarea de justicia, apoyada sin duda en la misma idea de la persona como agente moral, que está en el punto de partida de estas reflexiones. Pero es indudable que estos dos aspectos de la concepción contemporánea enlazan un punto de vista moral con una teoría objetiva de las necesidades humanas, que se coloca por encima de las diferencias entre las concepciones del mundo y sus respectivos ideales de perfección. Las líneas de protección de los derechos humanos fundamentales, que recogen en su articulado las constituciones modernas —los derechos humanos clásicos del pensamiento político—, se abren a nuevas perspectivas: los llamados derechos humanos de segunda generación, relativos a prestaciones económicas y sociales mínimas.

Es indudable que las razones morales aducidas anteriormente en favor de los derechos fundamentales prestan coherencia a la argumentación en favor de los derechos del segundo grupo. El compromiso con la libertad se extiende de manera natural a los medios indispensables para su ejercicio, aunque la ausencia de normas jurídicas específicas no deje su protección en manos de tribunales establecidos, sino a merced de los principios de política pública, y de acuerdo con la disponibilidad de los recursos de la sociedad y del Estado. Y de acuerdo también, por supuesto, con la capacidad de presión de los grupos sociales en cada coyuntura.

La cuestión decisiva pudiera no ser, por tanto, la ausencia de una legislación formalmente institucionalizada, puesto que permanece abierto el camino de la negociación y el diálogo. Menos todavía lo es la concepción liberal del Estado, obligado a limitar sus propios poderes en bien de los derechos humanos, porque la obligación se extiende también a limitar otros poderes —de personas y de grupos sociales—, en razón de la protección de los mismos derechos. El verdadero problema podría ser el de las prioridades, en aquellos casos en que la distribución justa de oportunidades y recursos entrara en oposición con los derechos humanos fundamentales. Pero ya sabemos que tal discrepancia no puede provenir de diferentes fuentes, pues, en su conjunto, son las mismas razones morales las que están en la base de los derechos y de la justicia distributiva. Resultarán acaso de inmunidades y privilegios de otra índole, surgidos de las omisiones o excesos de su ejercicio.

De cualquier manera, parece claro que si bien la dignidad y la autonomía del sujeto moral no son el único ingrediente de los derechos humanos que hay que proteger, son el ingrediente capital a cuyo servicio se han de disponer las bases mínimas para la puesta en práctica, en términos racionales, de los planes de vida que el sujeto concibe.

De acuerdo con esta conclusión y a la vista de los dos ejemplos aducidos, lo mismo el multiculturalismo que la tolerancia encuentran allí sus límites. El primero no tiene otra justificación que constituirse en el campo inmediato de acción del sujeto humano: el juego de posibilidades, instituciones y papeles por desempeñar, a partir de los cuales puede organizar y cumplir su plan de vida y sus ideales de perfección. Su valor dependerá a la vez de las seguridades y las libertades ofrecidas para ese cumplimiento, incluida la capacidad de coexistir al lado de otras concepciones igualmente libres. Es decir, de su capacidad de tolerancia, que tampoco tiene por sí misma un valor y permanece al servicio de la dignidad y la autonomía del sujeto moral.

Sin necesidad de volver a nuestros ejemplos y sin suscitar enemistad alguna contra las utopías, sabemos por experiencia lo difícil que es lograr un equilibrio perfecto en las relaciones entre las culturas, y también sabemos que no puede haber, dentro de cada una de ellas, una armonía sin tensiones entre quienes promueven los cambios y quienes se resisten a ellos. Aun sin admitir el carácter endémico de los conflictos, es preciso aceptar la necesidad de la tolerancia como un instrumento para enfrentarlos racionalmente. Digo que dentro de cada comunidad particular, porque la convivencia de los individuos con los grupos de diversa identidad cultural no puede hacerse sino en el intercambio racional, que impide el aislamiento y las oposiciones frontales. Y en el más amplio nivel de la organización nacional es igualmente indispensable una cultura más general —por encima de la de las comunidades particulares—, apoyada en un entorno económico equilibrado y en un lenguaje político común, que configure un espacio intersubjetivo de respeto y de diálogo. En estos espacios —cuando la cooperación ha eliminado las situaciones de marginalidad, desigualdad excesiva o discriminación— es donde los argumentos de la tolerancia pueden dar sus mejores frutos.

En el contexto de nuestros dos ejemplos, el pluralismo cultural puede verse como el otro lado de la moneda de la tolerancia, si se contempla a ésta como una virtud pública. A partir de una realidad multicultural, y del reconocimiento igualitario de cada una de las comunidades particulares, tiene que haber un principio de política que oriente prácticas y disposiciones congruentes con la libertad y la dignidad de todos los grupos. También, por supuesto, con sus límites: la libertad de una comunidad termina donde empieza la libertad de otra.

Ahora bien, como principio de política pública, la tolerancia propicia prácticas y hábitos de convivencia que acaban por incorporarse a las costumbres y a los ideales colectivos, sin necesidad de convertirse en contenidos de la educación formal. Pero aunque no niegue su parentesco moral con las leyes de la democracia, la tolerancia como virtud pública no forma parte de las reglas del juego político, sino de su trasfondo cultural. No puede sustituir a la cooperación de los partidos ni a los esfuerzos de las organizaciones de la sociedad civil, ni a la acción del Estado. Por eso no puede entenderse como un punto de partida para negociar acuerdos políticos; menos todavía como el episodio previo de condescendencia, para después reprimir a los intolerantes. Ni siquiera se puede confundir, por ejemplo, con formas democráticas concretas, como aquella que garantiza a la minoría —cuando acepta el voto mayoritario— el derecho a mantener sus opiniones divergentes sin tener que pasar a la clandestinidad.

Distinta de las reglas del juego real de la política, la tolerancia puede considerarse un principio que alimenta los ideales colectivos de la vida democrática; y, a su vez, crece en el ejercicio de las prácticas de esta forma de vida. Pero si bien la cercanía y aun las maneras en que las normas de una promueven los ideales de la otra benefician a ambas, no las confunden.

Más fácil resulta separar la tolerancia en el mundo de la vida privada de la que atañe al ámbito de las cuestiones públicas, si se recupera la descripción inicial como parte de una actitud moral de los individuos. Es decir, como una propiedad de ciertas conductas frente a los actos de otras personas, que se caracteriza por las condiciones y las advertencias que ya quedaron registradas. Se trata específicamente de una omisión ante una conducta ajena, justo porque la persona tolerante tiene presente la condición de sujeto moral del autor de la acción tolerada, y con esto se abre a sus razones y evaluaciones no estrictamente objetivas. En este sentido, la omisión puede ser llamada participativa.

Por esto podemos decir que el significado moral de la tolerancia radica en su disposición para comprender las actitudes ajenas y ponderar sus razones, para dejar a un lado las equivocadas y acercar las mejor fundadas a las propias; en un diálogo que revisa también las convicciones propias originales, para afirmar lo que tienen de valioso y cambiar lo que se descubre como simple prejuicio. Es el inicio de un intercambio que, sin embargo, no supone una doctrina epistemológica determinada. Pero tiene su equivalente moral en opiniones menos estrictas acerca del tiempo y de los cambios de la historia, que no perciben los fenómenos de la cultura humana como entidades fijas de una vez para siempre, sino como realidades surgidas de los proyectos de los hombres. Y el sentido de estos proyectos está siempre en tela de juicio y tiene que ser defendido sobre la base de convicciones firmes, que dispongan cada vez de mejores razones.

Nadie podrá entenderlo como exageración, si a lo dicho se añade que la tolerancia está profundamente vinculada a la ética, y que el papel de la filosofía en su promoción no es diferente de aquel que desempeña esta actividad cuando se trata de otros problemas morales. Pero tal vez habría que insistir, además, en la necesidad de no tratarla como materia aislada de otras virtudes públicas. Sobre todo en la necesidad de esclarecer la conexión de los ideales de vida personal y las actitudes morales de los individuos con las concepciones del mundo aceptadas por las comunidades de cultura —asunto que aquí no se ha podido tocar—. En todo caso, nada sería una contribución mayor, desde el punto de vista de la filosofía, que aportar precisiones sobre la naturaleza de la tolerancia y sobre su significado moral.

LOS PROBLEMAS MORALES DE LA DIVERSIDAD CULTURAL

A PROPÓSITO DEL RELATIVISMO

El mero título de este capítulo sugiere de manera expresa la preocupación por los problemas morales y políticos de la diversidad cultural. Supone además, como consecuencia, al menos una forma de relativismo: la que se deriva del simple reconocimiento de la pluralidad de las culturas como un dato innegable. De cualquier modo que se presente, esta diversidad de concepciones y de formas de vida, de ideas generales o esquemas conceptuales para clasificar e interpretar las realidades de la naturaleza y de la historia no implica, por sí misma, ninguna tesis filosófica sobre la naturaleza de la verdad y el alcance de las razones. Esto quiere decir que lo que suele llamarse relativismo cognoscitivo no se deriva, necesariamente, de la constatación empírica de la pluralidad cultural. Tampoco se confunde con la tesis específicamente ética que suele llamarse relativismo moral, en muchas ocasiones profesada por quienes rechazan abiertamente el aludido relativismo cognoscitivo; es el caso de Steven Lukes [Lukes, pp. 154–174], cuyas distinciones se emplean aquí sin que se considere indispensable su discusión o ajuste.

Lukes pretende, igual que otros autores más preocupados por el conocimiento científico —por ejemplo Larry Laudan [Laudan]—, que en las actividades en que se originan nuestras creencias se da un espacio para la discusión racional, al que podemos acudir con reglas y criterios objetivos que permiten una evaluación independiente de teorías alternativas. Son criterios y reglas que dependen de los fines de la ciencia que, por lo mismo, pueden también entrar en comparación con otras actividades humanas. Pero Laudan va más allá de la incomodidad que, según Lukes, afecta su doble posición, y extiende su argumento en contra del relativismo cognoscitivo para atacar al moral propiamente dicho.

No son asuntos en que podamos detenernos ahora, sin embargo, tampoco estará de más indicar que la vía por la que transita la ampliación del argumento corre, también, en la misma dirección. Porque Laudan no va en busca de la justificación de aquellos criterios y reglas de la investigación como tarea previa, sino de los resultados logrados por las teorías científicas elegidas de acuerdo con ellos, para afirmar, finalmente, que algo tendrán de correcto pues han permitido la elección de teorías confiables. Al acercar los criterios de la investigación a las teorías sustantivas, trata de hacerlo en un contexto más amplio que alude a las capacidades de los seres humanos para predecir y controlar su entorno y para comprender cómo se puede producir un conocimiento orientado hacia esos fines. En este contexto general, que permite introducir un componente de decisión razonada, se puede hablar de la justificación de los métodos para investigar, por encima de los intereses particulares de la comunidad científica —de modo semejante a como hablamos de la justificación de nuestras creencias acerca del mundo—. Es la exigencia de justificación lo que nos coloca en condiciones de decidir sobre teorías o paradigmas rivales en las ciencias, de la misma manera que abre la posibilidad de decidir sobre diferentes culturas y visiones del mundo.

La vía seguida por Laudan encuentra apoyo en la convicción de que existen preocupaciones humanas —de alimentación, salud, protección frente a las fuerzas de la naturaleza— universales, sobre las que podemos averiguar si contienen elementos compartidos claramente transculturales: por ejemplo, el de confianza o credibilidad de las predicciones. Pero aun cuando no existieran estos criterios compartidos, de su ausencia no se seguiría la imposibilidad de que algunas prácticas o ideas pasaran de una cultura a otra —como de hecho pasan, de una a otra, las teorías o los paradigmas que vienen a ser creencias comunes—, porque las reglas de método de un paradigma, como las de una concepción del mundo, no son tan rígidas como supone el relativismo y no siempre comprometen a un conjunto específico y cerrado de doctrinas, sino que a menudo permiten el cambio de creencias sustantivas, en la medida en que surgen nuevas evidencias. Desde el punto de vista del pragmatismo adoptado por Laudan, todos los humanos podemos ser afectados por buenas razones cuando se trata de aquellas preocupaciones generales y se emplean argumentos en términos de medios y fines, aunque los bienes que se obtengan y los costos sociales sean en cada caso diferentes. Éste es un hecho que se hace patente en la investigación histórica y en la de la vida de las sociedades, que el relativismo no ha sabido explicar adecuadamente.

En la investigación científica es posible una elección racional entre paradigmas rivales, aun en el caso de teorías parcialmente inconmensurables. Lo que sucede es que las traducciones interparadigmáticas no han de ensayarse en los niveles teóricos superiores, sino aplicarse a aquellos fenómenos objeto de las dos teorías y, en esa zona común, habrá que diseñar procedimientos de contrastación empírica. El pragmatista del diálogo filosófico escrito por Laudan no busca datos indubitables o conjeturas de las que puedan derivarse conocimientos definitivos —todos nuestros conocimientos son falibles—, pero mantiene la convicción de que pueden mejorarse y de que hay criterios confiables para reconocer esa mejora. En general, en este punto recoge la tesis del racionalismo crítico; sin embargo, subraya que todo conocimiento científico tiene ingredientes de evaluación y que ésta es inevitablemente comparativa. Preferir una teoría entre otras, por ejemplo, no quiere decir nada acerca del futuro de esa teoría, pero significa que pensamos que hasta el momento ha superado contrastaciones más exigentes que sus rivales conocidas.

Este punto de vista puede ser extendido a los problemas morales que surgen a propósito de la diversidad de las culturas, no sólo como declaración de confianza en que la argumentación y la ponderación prudente de las razones impulsan nuestro conocimiento de los fenómenos sociales y nuestras decisiones morales. Ante todo, puede ser extendido a esos problemas morales como advertencia de que su planteamiento no se compromete por adelantado con las tesis filosóficas del relativismo: ni con el llamado relativismo cognoscitivo, ni con el llamado relativismo moral. Supone, naturalmente, la aceptación de la diversidad de las culturas y de las concepciones del mundo como mera constatación empírica y, acaso, la tesis filosófica específicamente referida a la ética que admite una pluralidad de valores morales. Esta última es una tesis que, a propósito de las cuestiones que nos interesan, tiene efectos antidogmáticos: apoya principios comprensivos de interpretación que hacen justicia a las concepciones ajenas; y puede tenerse como una tesis cercana, en política, a las virtudes de la tolerancia, y en epistemología a la idea de que no existen conocimientos infalibles.

La diversidad cultural. Tensiones y riesgos

La advertencia anterior permite dejar a un lado la compleja discusión contemporánea sobre el relativismo, para entrar directamente a los problemas de la diversidad cultural, restringidos en este caso con el adjetivo de problemas *morales*. Una denominación que quiere, además, acentuar su carácter práctico y, por tanto, la dificultad que plantea llegar a soluciones exhaustivas con fórmulas generales más o menos abstractas. Aunque válidas en todo caso para condiciones similares, no podrían esas fórmulas abarcar nunca la real diversidad de las situaciones y del proceso histórico de las sociedades humanas. De ahí la condición de todo pensamiento moral: su carácter en cierto modo aproximativo y su exigencia de aplicación flexible, sobre todo en situaciones de conflicto.

No basta, sin embargo, con dejar aparte la discusión de las tesis filosóficas del relativismo. Es indispensable precisar, así sea someramente, algunas notas del complejo fenómeno aludido con el nombre de relativismo empírico, para acortar distancia con los problemas que nos interesan, porque el mero constatar la pluralidad de las culturas puede resultar engañoso. Lo que plantea problemas específicamente morales no es la diversidad de las culturas, más o menos aisladas, que se suceden a lo largo de la historia: lo que importa son las culturas que están en contacto, en especial cuando comparten un mismo territorio. Ésa es la situación cuyas relaciones, de armonía o de conflicto, pueden recibir calificaciones morales o políticas, y aun estrictamente jurídicas. De un intento reciente de caracterización de las condiciones de una sociedad multicultural —el de Joseph Raz—, comentamos solamente unas notas, que bastan para ejemplificar dos cosas: la índole de los problemas y la imposibilidad de la descripción de tales realidades sociales sin un compromiso moral, en alguna medida explícito [Raz, pp 155–176].

La perspectiva de Raz, deliberadamente dirigida a problemas contemporáneos de las naciones europeas, surge de una manera natural de la tradición liberal. Su descripción de las sociedades políticas más amplias, en cuyo interior se da el fenómeno del multiculturalismo, es ante todo un escenario de tensiones y riesgos: existe el riesgo de que cada una de las comunidades culturales cancele, desde su interior, la libertad de sus propios individuos; el riesgo también de que las comunidades de mayor fuerza y tradición cierren la posibilidad de desarrollo de las más débiles, y, finalmente, de que la cultura nacional, que es el cemento que une a la sociedad más amplia, se debilite y llegue a la desintegración total. Pero en el interior de este mundo de tensiones —no he registrado todas, por supuesto—, la perspectiva liberal descubre que las diferencias no son simples distinciones, sino que incluyen derechos: la sola idea global del multiculturalismo es ya una invitación a optar por la preservación de la diversidad (o, al menos, por la no destrucción de las culturas más débiles) y por la tolerancia. Pero a un tiempo —y aquí se da una nueva forma de tensión—, la invitación a reconocer varias culturas y a protegerlas no excluye la pretensión de cambiarlas. De aquella idea no surge una política conservadora que quiera hacer de cada cultura un fósil, interesante para la contemplación nostálgica de los extraños pero inútil para sus propios miembros. En el mundo contemporáneo sucede más bien lo contrario: el multiculturalismo se presenta como el resultado de la preocupación por el bienestar de todos los miembros de la sociedad —y ésta es su prioridad—.

Lo que se acaba de decir introduce otras notas de la caracterización de Raz. En tanto que el multiculturalismo es resultado de la coexistencia de diferentes grupos que tienen su propia identidad y pretenden preservarla dentro de una sociedad más amplia, requiere elementos de una cultura más general de tolerancia y respeto, de un entorno económico común y de un lenguaje político igualmente común que hagan posible aquella convivencia. No se describe así, por ejemplo, una sociedad de minorías y mayorías, sino una pluralidad de comunidades que, con independencia de su fuerza y magnitud, y aun de su viabilidad, favorecería actitudes de reconocimiento en términos jurídicos y políticos, cuyo efecto tendría que conducir a la emergencia de una cultura común, acogedora de la pluralidad y respetuosa de las condiciones de bienestar de cada grupo. En esta medida, queda rebasada la idea de una mera constatación empírica de la diversidad, y Raz tiene que pasar a la propuesta de un principio normativo.

La preservación de una cultura se justifica en términos del bienestar de su gente. Por eso la preservación va más allá de la mera tolerancia y alienta el desarrollo moral y material de las comunidades culturales que, en último término, arraiga en consideraciones de libertad y dignidad humanas. En la misma línea de Spinoza y Kant, que entienden la libertad como conducta de acuerdo con leyes racionales, Raz insiste en que los compromisos y las lealtades que dan sentido a las vidas individuales encarnan en las prácticas sociales de cada cultura. Ellas son las opciones que constituyen la identidad. Pero el arraigo en la idea de dignidad lleva todavía más allá del derecho a la no discriminación y a la posibilidad de preferir una diversa concepción de los fines y los principios de la vida buena: alcanza hasta el derecho mismo de abandonar en bloque la cultura de origen, en busca de nuevas opciones. Hay una fórmula que nos hace recordar las expresiones de John Rawls y que no quiero dejar de citar en esta exposición, dado su pleno espíritu kantiano. Al concluir su crítica de las doctrinas teleológicas, Rawls insiste en la primacía del yo sobre los fines afirmados por el propio yo: porque no intentamos dar forma a nuestra vida a partir de la definición independiente de un bien, sino a partir de los principios que admitimos para gobernar las condiciones en que esos bienes han de formarse y la manera en que han de ser perseguidos. Lo que revela nuestra naturaleza moral no son los fines elegidos, sino la capacidad racional para elegir fines [Rawls, p. 560].

No intentaré resumir aquí todas las notas que, según Raz, caracterizan al multiculturalismo, pero es indispensable no pasar por alto lo siguiente. En primer lugar, lo que el profesor inglés llama su rechazo a cualquier ideal que pretenda detener el curso del tiempo no es sino el reconocimiento de la historicidad de todos los aspectos del fenómeno y la necesidad de contemplar sus permanentes cambios. Los cambios que se derivan del impulso propio de cada cultura, los que se constituyen en el intercambio de la situación intercultural y, sobre todo, los que surgen como reacción de resistencia a la presión de otras culturas. De este juego de impulsos provienen los conflictos y los momentos de equilibrio —un equilibrio lleno de tensiones—. En este aspecto podemos anotar un segundo rechazo de Raz, lo mismo frente a la nostalgia conservadora del aislamiento, que frente al optimismo cosmopolita. Él piensa que el conflicto del multiculturalismo es endémico, que la pluralidad de las formas de vida es inelimimable, de tal manera que, propiamente hablando, no hay un punto perfecto de equilibrio entre las culturas, como tampoco hay, al interior de cada una de ellas, una armonía sin tensiones entre quienes favorecen el cambio y quienes se resisten a él. Finalmente, interesa recoger un tercer rechazo de Raz y ponerlo en relación con una tesis que se comentó a propósito del libro de Laudan.

Piensa Raz —probablemente para oponerse a las tesis filosóficas del relativismo extremo— que es indebido ponderar el valor de cada cultura según su propia estimación. Aquí encuentra su límite el respeto inherente al multiculturalismo liberal: porque sus razones para respetar a todas las culturas impiden extender esa consideración a las culturas no liberales, como medida de apremio para neutralizar sus aspectos opresivos y proteger a sus miembros. A este propósito, Raz exige el examen o prueba de la opresión (no como falla ocasional de socialización sino como rasgo sistemático de una cultura), como la condición para ser merecedora de respeto. Al lado de esta prueba que ya no es de carácter interno —y que Laudan no tendría inconveniente en llamar empírica—, Raz establece una comparación entre las culturas religiosas tradicionales que se justifican a sí mismas en términos teológicos, y las liberales, cuyas razones son humanistas. Semejante comparación, sin embargo, tiene un alcance muy diferente del de la prueba, e incluso se antoja más cercana a la relación que puede establecerse entre las diversas expresiones teóricas más generales de paradigmas rivales o concepciones del mundo, que ya no ofrecen por igual aspectos contrastables —por interesantes que puedan ser como ideales de perfección y de vida buena—.

La comunidad en el bienestar del individuo

Una segunda vuelta para ahondar al menos en uno de los problemas morales aludidos tiene que insistir en una cuestión compleja que, en bien de la brevedad, puede ser iniciada con el recurso de recordar a uno de sus autores clásicos. Creo que fue Herder —Johann Gottfried von Herder— uno de los primeros filósofos que señaló, entre las *necesidades elementales* del ser humano, la de pertenecer a un grupo particular al que uno se sienta unido, entre otras cosas, por la comunidad de lenguaje, de territorio, de costumbres o de recuerdos comunes. Traer a cuento este dato conocido no es por completo impertinente, porque permite subrayar que la alusión a esa necesidad elemental, que nosotros podríamos llamar *necesidad básica*, venía acompañada de toda una filosofía de la historia de la humanidad, marcada, por cierto, con los ideales de la Ilustración. Formaba parte, por tanto, de una doctrina humanista y noble que dejaba al ser humano en el centro del mundo como libre creador de su propia historia universal, aunque la relación con las ciencias naturales permitía mostrar la armonía con la naturaleza y, como telón de fondo, el plan divino. Significa que, en sus orígenes, el emparejamiento de esas dos ideas (la de una comunidad de formas de vida que en su cohesión ofrece al individuo seguridad, bienestar y condiciones de realización personal; y, por encima de ella, el ideal humanista de universalidad y tolerancia) no se veía como conflicto sino como natural complemento; aunque los desarrollos de la historia real nos enseñaran después que los nacionalismos y las comunidades cerradas pueden ser también fuente de violencia y horror. Herder escribió en los años cercanos a la Revolución Francesa, que contemplaban el surgimiento de grupos —sociedades, partidos y nacionalidades— hasta entonces no existentes o relativamente reprimidos.

El propósito de esta parte del ensayo no es, sin embargo, detenerse en el recuento de las circunstancias históricas que han dado lugar al acercamiento de esos y otros conceptos, sino solamente destacar aquellos que han acabado por enlazarse en la discusión contemporánea acerca de la identidad y la pluralidad de las culturas, en vista del problema principal que de allí se deriva. Isaiah Berlin recordaba a Herder en un ensayo sobre Disraeli y Marx, en su conexión con el tema de la búsqueda de la identidad [Berlin, pp. 252–286]. Y lo que en estos años me parece el problema principal surgido de la diversidad es justo el llamado derecho a la diferencia. Lo que ahora quisiera es ofrecer la revisión de un argumento en favor de ese derecho y adelantar, además, algunas de las razones que se pueden aducir como prueba de que, en último término, remiten todas ellas a la noción de persona como agente moral; apenas consideraré los antecedentes históricos que han dado lugar a ese planteamiento, no dejaré de aludir a algunos de ellos y tendré a la mano, en el apartado final, más bien a los autores contemporáneos de lengua castellana.

Se habla de «derecho a la diferencia» o de «política de reconocimiento» sin que esto haga referencia estrictamente a lo que en otros contextos llamaríamos cuestiones jurídicas o incluso políticas —a pesar de la cercanía con estas disciplinas—, sino a un campo de discusión mucho más general y abierto que puede ser visto como un ámbito moral. Pero un ámbito en el que las respuestas a las cuestiones prácticas procuran también apoyarse en razones, sin ningún temor a lo que, según algunos, es una fuente permanente de peligro para los lazos sociales y morales. Por el contrario, todo el ensayo supone que el consenso que da fuerza a esos lazos es defendible justamente porque surge de los espacios comunes en que las razones encuentran sentido. Y solamente allí pueden los argumentos mostrar su capacidad para resistir, por lo menos en alguna medida, la crítica racional.

El argumento más conocido en favor del derecho a la diferencia se puede resumir mejor si acudimos a un texto de Charles Taylor, sobre el multiculturalismo y «la política del reconocimiento», publicado hace algunos años por la Universidad de Princeton [Taylor 3]. Aunque su forma de enfocar la cuestión tiene un alcance histórico más amplio y acaba por centrarse en el problema de la minoría francesa de la provincia de Quebec, su argumento destaca uno a uno casi todos los conceptos que hay que poner en juego, y no pierde, en ningún momento, su perspectiva moral.

Ahora nos parece un hecho indudable que la política del reconocimiento de grupos sociales sólo puede hallar su verdadera dimensión en una sociedad plenamente democrática o en camino de alcanzar esa plenitud. Nadie cuestionaría tampoco que estos logros son resultado de un largo proceso histórico de cambios sociales y políticos. Lo que con menos frecuencia se destaca en un primer término son los conceptos mismos, decantados en los últimos siglos por la filosofía moral y política con que los seres humanos hemos tratado de comprender esas realidades. Esto es lo que conviene hacer ahora sin recurrir propiamente a la historia, aunque tampoco prescindiremos de uno que otro nombre, simplemente para ilustrar algunos pasos importantes de aquel proceso. Dejaremos a un lado las interpretaciones históricas de Taylor —en muchos puntos cuestionables—, acerca de las fuentes de la identidad moderna [Taylor], y aun el pequeño y hermoso libro sobre la ética de la autenticidad [Taylor 2], que es el antecedente inmediato del que vamos a examinar. Así, sin violentar su argumento, trataremos de dejar fuera las luces y las sombras con que su visión de los problemas sociales empaña cada uno de los conceptos y convierte algunos hallazgos de la cultura moderna en motivos de turbación o de perplejidad.

UNA CADENA DE CONCEPTOS

Por supuesto, no se trata de conceptos aislados cuyo encadenamiento se descubre de pronto cuando se integran a un argumento, pero su presentación no puede hacerse aquí sino en forma muy esquemática y siguiendo una secuencia temporal. Si bien en todos ellos es posible rastrear una muy larga historia, la configuración de su sentido actual es claramente moderna, por lo que se puede arrancar con los pensadores del Renacimiento, aun sin ignorar sus antecedentes estoicos y cristianos. El rasgo distintivo de este pensamiento se viene a resumir en el *concepto de dignidad* del hombre, como sujeto que se enfrenta al mundo y como dueño de su destino en su paso por el mundo; una imagen del hombre que alcanza su madurez filosófica en Kant, cuando han perdido ya peso social las jerarquías del antiguo régimen y la noción tradicional del honor, y cuando se puede concebir un agente moral capaz de dirigir su propia vida por principios.

Aunque sea fruto, en términos generales, del giro subjetivista de toda la cultura moderna, y aparezca con pleno significado moral en otros filósofos del siglo XVIII, la noción de dignidad alcanza en Kant un nivel decisivo para la historia de la ética, en cuanto condición de racionalidad y autonomía del agente moral. En un ensayo lleno de sugerencias sobre Kant y el sueño de la razón, Javier Muguerza ha comentado el pasaje de la *Fundamentación de la metafísica de las costumbres* [Kant, pp. 428–445] que ordena tratar a los hombres como fines en sí mismos y nunca como medios, en un sentido semejante a como lo ha hecho Christine Korsgaard [Korsgaard, 1 y 2]. Al subrayar a la vez el significado de autonomía en este mandato y su exigencia de universalidad, Muguerza muestra la necesidad de subordinar esta exigencia a aquella autonomía, de una manera tal que se puede presentar como *principio de autodeterminación*. Ésta parece ser la única salida para escapar a la posible oposición de los dos imperativos que, por encima del esfuerzo de Kant, no resultan conciliables en todos los casos [Muguerza]. Es una salida consecuente con la doctrina kantiana que no se desentiende de los contenidos materiales de la moralidad, al frente de los cuales está la idea de Humanidad. Una materia que si bien podría contribuir como disposición para perfeccionar las formas de asociación comunitaria, no requiere el consenso de ninguna comunidad para operar como principio. Porque está bien claro que el mandato hace de la dignidad un fin contra el que no se puede actuar en ningún caso: una capacidad de negación que señala un límite a la comunidad, al que Muguerza llama *el principio de la disidencia*, que en ocasiones tendría que coincidir con el derecho de abandonar la cultura de origen, señalado por Raz.

En el espíritu de la ética kantiana queda bien señalado un cerco de respeto a la dignidad de la persona, que mantendrá su fuerza en las teorías políticas modernas. Pero sobre la idea de dignidad igual de todo ciudadano también queda apoyada una forma de universalismo que procura la igualación de todos los derechos y, a partir de cierto momento, también de los satisfactores sociales y económicos. Todavía más, a las nociones de autonomía y dignidad personal se asocia la convicción, acogida por la teoría política liberal, en favor de la completa libertad de cada uno para elegir los ideales de la vida y su propio camino de perfección en la esfera privada. Y el Estado queda limitado a asegurar, de manera imparcial, el derecho de todos para pensar y actuar según cada uno lo crea necesario, con vistas a realizar una vida buena con todas sus virtudes.

Un segundo concepto, cuyo contenido fue objeto de nuevas interpretaciones en el siglo XVII, es el *concepto de identidad* en su aplicación a las personas, que, por supuesto, viene ligado al significado moral de éstas, y es a la vez inseparable de la cultura democrática. No se reduce, por tanto, a la esfera íntima, aunque la incluya íntegramente como una actitud fundamental con sus disposiciones y creencias, sus ideales y deseos. La identidad comprende toda la vida del sujeto como entidad física y mental, con su capacidad reflexiva y su relación con las otras personas dentro de una tradición cultural concreta.

De la misma manera en que la idea de dignidad hizo surgir una política de la igualdad, la de identidad dio origen a una política de la diferencia, que obliga al reconocimiento de identidades únicas, no solamente de individuos, sino de entidades colectivas. No se podría decir que este nuevo planteamiento no constituye un desarrollo orgánico del reconocimiento de la dignidad universal, y de la idea de que todos podemos dirigir nuestra vida por principios autónomos; pero, en cuanto se consideran las diferencias, sobrevienen las dificultades de los requerimientos del trato desigual.

Los dos problemas graves que más hemos discutido —me refiero al ámbito filosófico de lengua castellana—, y a los cuales habrá que volver en estas páginas, al menos con algunos ejemplos, son los derivados del trato digno a las culturas no suficientemente fuertes por su tradición o en algún sentido no desarrolladas —hasta donde sea permisible el uso de esta expresión—. En segundo lugar, los derivados del derecho de todas las culturas a su supervivencia. Los dos están ligados centralmente a cuestiones de política educativa y de concepción de la democracia; ambos son propicios para el choque natural de dos fuerzas enfrentadas: la igualitaria, que busca la homogeneidad, y la de las identidades, que se entusiasma con las diferencias.

Ahora bien, en la discusión de la identidad ha ganado importancia una nueva interpretación que subraya la dimensión social de las personas y su relación con el entorno, hasta tal punto que, sin detenerse a negar los rasgos subjetivos y las posibilidades de reflexión, mucho menos la dimensión moral de una actitud con su correspondiente concepción del mundo, eleva al primer término el papel social y las relaciones convencionales. En este sentido, se dice que las *personas son construcciones sociales* y que, al menos parcialmente, se constituyen dentro de un contexto de interacción y diálogo con otras personas. Mi propia identidad como persona viene a ser, por tanto, el resultado parcial de una negociación con los demás miembros de las comunidades en que participo, y de la manera en que me apropio de sus ideales y creencias, de sus normas y sus gustos. Hasta el punto en que bien pueda ser que la realización misma de un ideal de perfección y de vida buena se haga posible y se acreciente en esa participación y dentro de esa comunidad, y el desarrollo de mi identidad dependa del reconocimiento de los otros y gane su lugar en el intercambio.

De cualquier manera, una consecuencia mayor de esta interpretación de la dimensión social de la identidad —que se aplica también a las colectividades— es que la política del reconocimiento adquiere un rango singular. Porque lo mismo en las personas que en los grupos, un reconocimiento humillante o simplemente inferior puede contribuir a deformar la imagen que una persona o una colectividad tienen de sí mismas.

Una segunda consecuencia, aunque no menor en importancia, es el creciente desarrollo de otra noción moderna que se vuelve a plantear justo en esta perspectiva del reconocimiento: la de *autenticidad*. La verdad es que el concepto, en su sentido actual, no tiene gran novedad y remite, por lo menos, a Rousseau y a Herder. Como la interpretación social de la identidad nos envía, cuando menos, al antecedente de Hegel. Pero lo mismo cuando se aplican a personas que a entidades colectivas, ambos conceptos han llegado a ser inseparables. De manera que no ha faltado quien presente la identidad como un ideal moral de autenticidad, lo que en cierto modo tendría alguna relación con sus orígenes, cercanos a expresiones de interioridad, fidelidad y realización plena. Porque, en oposición al yo social, la autenticidad es una *construcción del propio sujeto* y tiene relación con el sentido de su vida. No responde, por tanto, a una realidad fija o predeterminada, sino a un proyecto siempre abierto a discusión y en permanente diálogo con los otros, y hasta en pugna con ellos.

La política de la *dignidad*, que es por naturaleza igualitaria, establece una oferta idéntica de inmunidades y derechos; la de la *identidad*, en cambio, hace surgir una demanda de reconocimiento que haga justicia a las desigualdades de los individuos y de los grupos. A esta pareja de conceptos se añaden dos interpretaciones fundamentales: la que considera que *la dimensión social de las personas* es justamente una construcción social, y la que explica la noción de *autenticidad* como construcción del propio sujeto. Ambas son aplicables a las personas individuales y a las colectivas y, de alguna manera, contribuyen como los dos primeros conceptos a dar fuerza a tendencias opuestas dentro del estado democrático, tanto en el argumento de Taylor como en los análisis iberoamericanos.

Hay otro concepto clave que, sin embargo, no representa ningún papel en el texto de Taylor, pero que es importante en la discusión de los autores iberoamericanos: el concepto de necesidad, entendido como necesidad básica y aplicable (como lo intenta Herder) a las cuestiones planteadas por la identidad y sus derechos.

LA REGLA DE ORO DE LA DIVERSIDAD CULTURAL. DOS EJEMPLOS EXTREMOS

Colectividades e individuos pueden recibir un tratamiento análogo en muchas de las cuestiones que aquí se plantean, con la aplicación de los conceptos y las interpretaciones que hemos repasado muy brevemente, con tal que se tenga presente que las entidades colectivas no son sujetos de conciencia en el mismo sentido que las personas, sino una construcción de los miembros individuales del grupo, una representación intersubjetiva al servicio de un proyecto común. Pero la representación es lo que se puede llamar una cultura: un conjunto de actitudes y de creencias acerca del mundo, una definición de necesidades, de ideales y de disposiciones surgida en los procesos de comunicación interna, y también una respuesta a la mirada ajena y una negociación con otras culturas. Las relaciones con los otros son clave para su autoafirmación y autoconciencia, como también para sus cambios. Por eso no puede sorprendernos que las colectividades sean tan sensibles al reconocimiento.

El reconocimiento igualitario es la regla de oro de las sociedades democráticas para la esfera pública, pero conlleva una dificultad: la exigencia de conceder un lugar a ciertas diferencias, es decir, a algo que, por definición, no es universalmente compartido. Una manera de introducir claridad en este punto es mediante los ejemplos extremos planteados por Taylor, aunque no nos detendremos en las particularidades de los casos canadienses que a él le sirven de ilustración. Ambos nos acercan a problemas concretos de minorías culturales alojadas en el seno de una cultura nacional hegemónica.

El primero es un planteamiento que supone, en dos culturas que coexisten dentro de un mismo Estado, la condición igual en cuanto a nivel de desarrollo, vitalidad y fortaleza de tradición. En este caso, la desigualdad queda reducida al carácter minoritario de una de ellas, con las previsibles consecuencias democráticas. Pero si lo que verdaderamente importa es la identidad, la cultura minoritaria no puede conformarse con el mero ejercicio de condiciones favorables a su situación —por ejemplo, el uso de su lengua y de la libertad para expresar los propios ideales de perfección y de vida buena—, porque estas condiciones aseguran el desarrollo pleno de los individuos ya existentes que participan de esa cultura, pero no garantizan la preservación y supervivencia de ésta en generaciones futuras. Taylor, por su parte, simpatiza con un modelo de sociedad liberal que se propone metas colectivas, en virtud de las cuales puede imponer a sus ciudadanos restricciones en beneficio de la preservación de su identidad y el florecimiento de su cultura.

En favor de este modelo de liberalismo, Taylor aduce razones de diversa índole: antecedentes históricos, garantías y distinciones que vale la pena recordar, aunque sea brevemente. El antecedente obligado resulta ser Rousseau, porque la idea de una voluntad general es lo que da pie a la analogía entre personas y colectividades y permite hablar de un proyecto común, de una compacta unidad de propósito y hasta de un «yo común» o de un «sí mismo colectivo». Expresiones, estas últimas, que usamos a menudo con entrecomillado, justo para indicar que, aunque no se tratara de una metáfora, es indudable que el analogado principal es la persona individual, mientras que la entidad colectiva es el analogado secundario. Taylor ni siquiera toca este punto, que en verdad está en el corazón de su argumento, pero pone cuidado en establecer distancia respecto de los riesgos que se pueden derivar de la idea rousseauniana de la voluntad general, y lleva la discusión a garantías y distinciones fundamentales.

El riesgo de que una comunidad haga de la unidad de propósitos un objeto central es justamente que abre la posibilidad de reducir el margen de libertades de sus miembros y, por tanto, de favorecer tiranías homogeneizadoras. Pero Taylor sostiene, en primer lugar, que se trata de un temor infundado, que se deriva de considerar un modelo de sociedad liberal que debe dejarse de lado; él piensa, además, que una comunidad puede organizar su política pública en torno a una definición de ideales de vida buena que no impliquen el desprecio de quienes no los comparten. Porque el carácter liberal de una organización no se funda en su neutralidad frente a los ideales de vida de sus miembros, sino en su manera de conducirse frente a las minorías y, ante todo, en su respeto por los derechos fundamentales de todos ellos. *Dentro de estos límites*, una comunidad puede buscar formas de autonomía frente a una sociedad nacional y legislar lo que considere necesario para la supervivencia de su propia cultura, lo que incluye incorporar a esta cultura nuevos miembros a través de la educación —no simplemente facilitarles opciones de desarrollo personal—. La razón de todo esto radica en que la identidad se considera un bien que, por su naturaleza, tiene que ser promovido en común, y por tanto, requiere una política pública.

Taylor distingue entre las libertades fundamentales —lo que llamamos derechos humanos—, que no debe coartar ninguna autoridad, y las inmunidades y privilegios que pueden ser restringidos por razones de política pública. Pero reconoce que aquí se da una diversidad de objetivos cuyo deslinde no es fácil y tiene que ocasionar tensiones y dificultades. Aunque añade enseguida, en el mismo tono no utópico de Raz, que esas tensiones no serán mayores que las que se dan en cualquier sociedad liberal que trata de combinar más de un objetivo: por ejemplo, la libertad y la igualdad, o la prosperidad y la justicia.

Habría que añadir, sin embargo, que más allá del posible carácter endémico de los conflictos que acepta Taylor, lo que está en juego en este aspecto es algo mucho más radical desde la perspectiva de la ética. Acudir a los derechos fundamentales —derechos individuales—, como el límite que no puede ser rebasado en nombre de los derechos de los pueblos, es una manera de aceptar, aunque sea solamente por convicción democrática, el fin negativo señalado por Kant: el principio de la humanidad como fin en sí mismo. Es decir, en el sentido último de autonomía moral: del ser humano como voluntad racional autolegisladora, no necesitada del consenso de la comunidad.

Antes de volver sobre un par de cabos que han quedado sueltos en la vía seguida por Taylor, conviene hacer presente el segundo de sus ejemplos extremos, que nos enfrenta a otro problema frecuente en la situación intercultural. La exigencia de respetar por igual a todas las culturas es una exigencia moral que tiene su fundamento en la idea de la dignidad humana, de manera que establecer diferencias entre culturas con ritmos de desarrollo distintos es fuente de dificultades. La política general, sin embargo, no puede consistir simplemente en atender las desventajas como medida temporal que gradualmente pueda nivelar las condiciones para la competencia, en una más amplia sociedad liberal, sino que tiene que escuchar la demanda legítima de conservar la identidad y respetar la aspiración de que nunca se pierda. La idea kantiana de dignidad aporta en este caso el reconocimiento de un potencial humano universal: la confianza en la capacidad de todos los hombres para dirigir su vida por principios —una confianza que puede extenderse a las colectividades—.

Esto, sin embargo, no parece suficiente para zanjar dificultades, pues se detiene en el mero reconocimiento del valor idéntico de las diferentes culturas —un presupuesto para la unidad de cualquier nación pluricultural—. Convencido de la tesis de que la forma de reconocimiento forja identidades, Taylor pretende ir más allá con una hipótesis que introduce una restricción, pero que no deja de ser interesante: afirma que todas las culturas que han animado sociedades enteras, durante algún periodo considerable de la historia, tienen algo importante que decir a todos los seres humanos. Es interesante porque se propone como hipótesis de estudio, en el inicio, aceptar un valor sin prueba alguna y trabajar con él como una vía de aproximación a otras culturas que la investigación puede corregir. Éste es un procedimiento que nos atrae tanto como algunos de los seguidos por el pragmatista del diálogo de Laudan. Pero Taylor advierte que su suposición es problemática, que no puede ser exigida como un derecho, e insinúa que requiere una actitud de espíritu en algo parecida a un acto de fe. Y aunque se presenta como un requerimiento de igualdad, permanece por debajo de lo que podrían ser auténticos juicios de valor en un contexto objetivo; con el riesgo, además, de acercar el respeto a la condescendencia.

Como en el primer caso planteado, de la coexistencia de dos culturas de igual vitalidad y tradición dentro de una más amplia sociedad nacional, este segundo ejemplo de la comparación y el trato con culturas que carecen de esa fuerza —a las que se puede llamar, sólo por eso, menos desarrolladas— tampoco tiene, en el discurso de Taylor, una vía de solución satisfactoria. Lo que termina proponiendo no es una salida al conflicto, sino una nueva descripción del mismo encuentro, pero ahora visto como el choque entre dos concepciones del liberalismo político. Éste es uno de los cabos sueltos a los que hay que volver.

Recordando una distinción de Dworkin [Dworkin], Taylor hace su exposición a partir de dos tipos de compromiso moral: por una parte, el relacionado con nuestras opiniones acerca de los ideales de la vida buena y sus fines; y, por otra, el compromiso de trato recíproco e igual con nuestros conciudadanos, cualesquiera que sean los modos en que ellos conciban los ideales y los fines de la vida. El primero es un compromiso sustantivo, pero el segundo puede ser llamado procesal o procedimental, porque exige solamente formas iguales de trato sin comprometerse con tales o cuales fines de la vida. Se trata, según Taylor, de una distinción de origen kantiano, en que subyacen convicciones de cierto liberalismo que quiere permanecer neutral ante la diversidad de los ideales de la vida, y que se limita a asegurar la imparcialidad del Estado en el trato con las personas. Es el modelo —piensa Taylor— fundado en la idea de la dignidad humana, al que reprocha su neutralidad, porque con ella cancela la norma fundamental que está en la base de las comunidades diferentes, comprometidas sustancialmente con la integridad y la preservación de sus respectivas culturas y formas de vida. Un punto de vista que sería correcto en términos políticos si lo que se oponen son fuerzas enfrentadas: la igualitaria, que busca la homogeneidad, y la de las identidades, que procura mantener las diferencias. Pero que se resuelve si contemplamos la identidad como surgida de la idea de dignidad humana —y surgida ya con las limitaciones que le vienen del reconocimiento de aquel fin negativo—.

LA VUELTA AL ORIGEN KANTIANO

La verdad es que si acudimos al mismo Kant, al libro antes aludido, *La fundamentación de la metafísica de las costumbres*, que se completa en otros textos a los que ya no nos referiremos, no encontraremos exactamente esas dos concepciones, una neutral y otra comprometida, sino una distinción más fina dentro del mismo imperativo de la dignidad cuya formulación, a propósito de la Humanidad, sólo se ofrece como un fin negativo (algo contra lo que no debemos actuar). En cambio, la distinción entre principios posibles de la moralidad viene a oponer dos fines de la vida de signo positivo, que pueden ponerse en relación con nuestros deberes: «la propia perfección» y «la felicidad ajena». De modo que si queremos seguir a Taylor en su búsqueda del origen kantiano de la concepción liberal, solamente tenemos que proyectar por analogía esos dos deberes a la esfera pública, y referirlos al poder de las comunidades y de los Estados. Se verá, entonces, que el ideal de perfección no puede sino tener un carácter negativo, y que las sociedades y sus poderes no tendrán otra cosa que hacer que mantener abiertos los espacios a nuestra dignidad y autonomía: porque la *propia* perfección no puede dejar de ser asunto nuestro, y ninguna ley podrá precisar cómo podemos cumplir ese deber imperfecto. Por contraste, el deber de justicia, que consiste en contribuir a la felicidad *ajena*, es un deber perfecto que nos compete a todos y, más que a nadie, a nuestras organizaciones y poderes. Lo más alejado del espíritu de Kant sería justo la posición inversa: que encargáramos a una instancia heterónoma nuestras perfecciones y virtudes; y que, tratando de suplantar nuestras inclinaciones naturales, nos impusiéramos a nosotros mismos el deber de ser felices, tal vez poniendo en riesgo, con ello, la felicidad de otras personas.

Si se tienen a la vista estas distinciones, no parece tan convincente la pretensión de Taylor de hacer desembocar toda la discusión en el plano político, como la simple contraposición de dos tendencias opuestas dentro del liberalismo, una de las cuales ha ganado terreno solamente por contingencias históricas. En un contexto más fiel a su origen kantiano, la tendencia que Taylor defiende habría tenido que aceptar, en primer lugar, el compromiso de la teoría rival con ideales y concepciones de la vida buena, pero entendidos como deberes de cada uno de los miembros de la comunidad, de manera autónoma, y, en consecuencia, habría tenido que organizar los procedimientos para que la mayoría pudiera cumplirlos. Pero ante todo, habría buscado legitimar su propia concepción en la misma línea y explicar el compromiso de sus comunidades y sus poderes no como el deber de hacer perfectos a sus miembros desde el punto de vista de un ideal de virtud y vida buena, sino de procurar su felicidad (que bien podría lograrse de diversas maneras), de pedir la colaboración de todo el grupo, y de hacerlo un asunto de política pública.

Ahora bien, para esto no es necesario traspasar el cerco de protección de la dignidad del ser humano como sujeto moral (y de su autonomía), constituido por los derechos fundamentales y por las reglas de salvaguarda de las minorías, a todo lo cual se adhiere Taylor. Se trata sólo, para decirlo con sus propias palabras, de negociar privilegios e inmunidades de otra índole, para lo cual habrá que mejorar los argumentos y ponerlos en la dirección de los derechos fundamentales.

Quisiera concluir ahora con la afirmación de que los pensadores iberoamericanos a que he aludido en este ensayo han trabajado en ese sentido y, dentro de la discusión contemporánea, han contribuido a precisar conceptos que pueden ser útiles para enfrentar teóricamente los desafíos de los últimos años. Entre nosotros también hay grupos culturales minoritarios en el seno de sociedades nacionales, que a su vez se encuentran en una situación de creciente dependencia internacional. En América Latina, sobre todo, el fenómeno más notable es el de las «etnias» colocadas en una situación de desventaja y marginación; y su característica más general es que los representantes de cada una de ellas afirman su identidad particular y dicen ejercer, dentro del contexto nacional, el derecho a la diferencia. Frente a sus planteamientos radicales, sin embargo, los argumentos de Taylor debieran prevenirnos porque, de acuerdo con ellos y a pesar de la situación de desigualdad, se han dado, a lo largo de casi cuatro siglos, momentos en que su identidad ha sido negociada en una relación de mestizaje cultural, principalmente con grupos de cultura europea. Su identidad no es sólo su proyecto actual como elemento aislado, sino también nuestra mirada, de la misma manera que ésta sólo puede acercarse a aquella identidad en el proceso de comprensión de su proyecto y de su historia. Pero lo mismo puede decirse si invertimos el orden de las afirmaciones: su proyecto actual y su conciencia de pertenecer a una comunidad no es todo lo que define su identidad, hace falta también su diálogo con nosotros y la consideración de nuestros juicios.

Por lo que se acaba de decir, se hace patente un espacio común de intersubjetividad en que no se enfrentan identidades como si fueran entidades fijas, sino como realidades históricas siempre abiertas a discusión: conjuntos de creencias, necesidades y deseos que, en último término, se refieren a individuos como actores morales en obligado y permanente diálogo. Los grupos, como los individuos, no son átomos encerrados en sí mismos sino insertos en el mundo en que reflejan y recrean su cultura, por la relación con aquellos con quienes entran en contacto: un mundo que permite patrones públicos aceptados de argumentación racional.

Cuando un punto de vista como el de Taylor se aleja de la idea de que la identidad se construye fundamentalmente en el diálogo, puede desembocar en oposiciones frontales, por ejemplo, en la oposición de dos concepciones generales del liberalismo, que ya no deja salida sino para razonamientos circulares. Otros autores filosóficamente cercanos a él, como Michael J. Sandel [Sandel], parecen orientarse desde otra premisa extrema, que contribuye a reducir la identidad de las personas al puro papel social que desempeñan en una comunidad dada, con olvido de las capacidades autónomas del individuo para la acción moral. Es una vía que puede conducir a un resultado parecido, porque de esa manera se confiere a la comunidad una invariable prioridad ética sobre la persona individual, con lo que se detiene toda posibilidad de argumentación moral.

Palabras finales

Los iberoamericanos a que he aludido antes rechazan esas posiciones extremas —algunos con más fuerza que otros—, y mantienen abierta la línea de inspiración kantiana de la dignidad y la autonomía, que es inseparable del diálogo y de la argumentación crítica. En busca de razonamientos no circulares han adoptado, de la discusión actual de la filosofía política, el concepto de *necesidad básica* y lo han empleado con fruto para tratar las cuestiones de la identidad colectiva, y las posibilidades de negociación entre las «etnias» y las sociedades nacionales. Aunque Olivé, por ejemplo, no lo acepta como criterio ético de validez universal, y pretende que el contenido de esas necesidades surja de los procesos de comunicación entre las comunidades tradicionales y las sociedades modernas, dentro del contexto de interacción de la situación intercultural [Olivé]. Para citar un segundo ejemplo, al discutir el concepto de *autenticidad* como vía de acceso al problema de la identidad colectiva, Luis Villoro dice que una cultura es auténtica sólo cuando está dirigida por proyectos que responden a necesidades básicas colectivas, y cuando expresa creencias, deseos y valoraciones que comparte la mayoría de los miembros de esa cultura [Villoro].

Garzón Valdés, el tercer ejemplo, ha planteado con precisión los problemas de las «etnias» en México —aunque no comparto todos los aspectos de su descripción—, y ha hecho descender la discusión a puntos concretos de conflicto de la situación intercultural, que pueden ser sometidos a pruebas empíricas. Ha registrado, además, las tendencias dentro de la sociedad nacional y puntualizado deberes morales para gobiernos y dirigentes indígenas, sobre la base de una definición de necesidades y *bienes básicos*: aquellos que constituyen una condición necesaria de cualquier plan de vida, esto significa que son también requisito de la actuación del individuo como agente moral [Garzón Valdés]. Como en los dos ejemplos anteriores, la afirmación de las nociones kantianas de dignidad y autonomía mantiene abierta la posibilidad de someter a crítica las pautas impuestas por cualquier comunidad —la propia como la ajena—, sin que esa posibilidad signifique la pérdida o el debilitamiento de las identidades.

El repaso del argumento de Taylor permitió destacar una cadena de conceptos, característicos de la filosofía moral y política de la época moderna, e indispensables en el tratamiento de las cuestiones de la identidad personal y la colectiva; pero en su breve texto de Princeton no resalta la referencia a las necesidades básicas, que bien habría podido tomar de las *necesidades elementales* de Herder, a quien recurre tantas veces. De haber seguido a Herder en este aspecto, habría podido registrar, entre las necesidades básicas, *la de pertenecer a una comunidad particular de lenguaje, de territorio, de costumbres o recuerdos comunes*. Y probablemente habría intentado justificarla como uno de los dos fines de la vida que la ética de Kant puede considerar deberes. Pero entonces habría tenido que reconocer que, referido a la esfera pública, se acomodaba mejor como contribución a la felicidad y al bienestar de las personas, que como forma de perfección o de virtud. Esta vía lo habría llevado, al menos en algún momento, a reducir su antipatía por Kant.

BIBLIOGRAFÍA

Berlin, Isaiah, *Against the Current. Essays in the History of Ideas*, Londres, The Hoggarth Press, 1979.

Dworkin, Ronald, «Liberalism», en Stuart Hampshire (comp.), *Public and Private Morality*, Cambridge, G.B., Cambridge University Press, 1978, pp. 113–143.

Garzón Valdés, Ernesto, «La antinomia entre las culturas», en E. Garzón Valdés y F. Salmerón (comps.), *Epistemología y cultura. En torno a la obra de Luis Villoro*, México, Instituto de Investigaciones Filosóficas, UNAM, 1993, pp. 219–242.

Kant, Immanuel, *Grundlegung Zur Metaphysic der Sitten*, Akademie-Ausgabe, Berlín, Walter de Gruyter, 1911. [Versión en castellano: *La fundamentación de la metafísica de las costumbres*, múltiples ediciones.]

Korsgaard Christine M., «Kant's Formula of Humanity», *Kant-Studien*, vol. 77, no. 2, abril de 1986, pp. 183–202.

—— [2] «Kant», en J.P. Sterba, R.J. Cavalier y J. Gouinlock (comps.), *Ethics in the History of Western Philosophy*, Nueva York, St. Martin's Press, 1989, pp. 201–243.

Laudan, Larry, *Science and Relativism. Some Key Controversies in the Philosophy of Science*, Chicago, The University of Chicago Press, 1990.

Lukes, Stephen, *Essays in Social Theory*, Nueva York, Columbia University Press, 1977.

Muguerza, Javier, «Kant y el sueño de la razón», en D.M. Granja Castro (comp.), *Kant: de la Crítica a la filosofía de la religión. En el bicentenario de* La religión en los límites de la mera razón, Barcelona, Anthropos-UAM, 1994, pp. 125–159.

Olivé, León, «Identidad colectiva», en León Olivé y F. Salmerón (comps.), *La identidad personal y la colectiva*, México, Instituto de Investigaciones Filosóficas, UNAM, 1994, pp. 65–84.

Rawls, John, *A Theory of Justice*, Cambridge, Ma., The Belknap Press of Harvard University Press, 1973. [Versión en castellano: *Teoría de la justicia*, trad. Ma. Dolores González, México, Fondo de Cultura Económica, 1978.]

Raz, Joseph, «Multiculturalism: A Liberal Perspective», en *Ethics in the Public Domain. Essays in the Morality of Law and Politics*, Oxford, Clarendon Press, 1994.

Sandel, Michael, *Liberalism and the Limits of Justice*, Cambridge, Ma., Cambridge University Press, 1982.

Taylor, Charles, *Sources of the Self. The Making of the Modern Identity*, Cambridge, Ma., Harvard University Press, 1989. [Versión en castellano: *Fuentes del yo. La construcción de la identidad moderna*, trad. Ana Lizón, Barcelona, Paidós, 1996.]

—— [2] *The Ethics of Authenticity*, Cambridge, Ma., Harvard University Press, [Versión en castellano: *La ética de la autenticidad*, trad. Pablo Carbajosa Pérez, Barcelona, Paidós, 1994.]

—— [3] «Multiculturalism and the Politics of Recognition», en *Multiculturalism, Examining the Politics of Recognition*, Amy Guttman (comp.), Princeton, N.J., Princeton University Press, 1992.

Villoro, Luis , «Sobre la identidad de los pueblos», en L. Olivé y F. Salmerón (comps.), *La identidad personal y la colectiva*, México, Instituto de Investigaciones Filosóficas, UNAM, 1994, pp. 85–100.

LA IDENTIDAD PERSONAL
Y LA COLECTIVA

CON EL FIN DE REVISAR LOS PRINCIPALES TEMAS y problemas de la filosofía contemporánea en torno a la identidad personal y la colectiva, el Instituto Internacional de Filosofía celebró una reunión en la ciudad de México entre los días 4 y 7 de septiembre de 1991. La reunión dio paso al encuentro de un grupo importante de estudiosos de diversas partes del mundo, quienes discutieron en torno a cinco ponencias presentadas por filósofos invitados para tal efecto. Ellos fueron: J.N. Mohanty, de India, antiguo profesor de las universidades de Calcuta y de Burdwan, quien actualmente enseña en Filadelfia; Pascal Engel, de Francia, profesor de la Universidad de Grenoble y de la École Polytechnique de París; Tomonobu Imamichi, profesor emérito de la Universidad de Tokio y director del Centro Internacional de Estudios Comparados de Filosofía y Estética; y dos mexicanos, Luis Villoro y León Olivé, ambos del Instituto de Investigaciones Filosóficas de la Universidad Nacional Autónoma de México, la institución huésped.

La diversidad de los acercamientos de cada uno de los ensayos, en cuanto al método y en cuanto al aspecto que abordan del problema, es un ejemplo de la riqueza y la pluralidad de las discusiones filosóficas habituales en los encuentros del Instituto Internacional de Filosofía. El propósito de este capítulo es llamar la atención del lector sobre la variedad de tratamientos y puntos de vista que una materia tan compleja puede aceptar, sin que resulte imposible, por otra parte, percibir que en más de un punto aun los análisis más alejados pueden converger.

La conferencia del profesor Mohanty, titulada «Capas de yoidad», precisa muy bien su método y su alcance: plantea directamente la pregunta sobre el sentido y la naturaleza de la persona y de su identidad. Como un primer paso, nos propone hacer a un lado nuestras creencias metafísicas previas —como el idealismo o el fisicalismo—, y no detenernos tampoco en una segunda cuestión epistemológica acerca de cómo llegamos a conocer la identidad de las personas y los criterios que usamos para reconocerlas. De cualquier manera, estas materias tendrían que ser averiguaciones posteriores. Lo que intenta, por tanto, es una primera descripción que descubra la compleja estructura de la persona o, como él prefiere decir, sus *capas de yoidad*.

Ante todo, la fenomenología pone al descubierto que la persona es una entidad intencional: un *sujeto*, entendido como la fuente de actos intencionales o como el polo subjetivo enfrentado a los objetos a que estos actos están dirigidos. Su naturaleza consiste en estar relacionada con los otros y con el mundo, precisamente como persona encarnada. Por eso mismo, la subjetividad no es coextensiva con la conciencia o con la vida mental: el cuerpo, en tanto cuerpo vivido, es subjetivo en el mismo sentido. Y en torno a él se organizan las cosas del mundo, y adquieren lugar y perspectiva.

La vida mental, en cambio, constituye una segunda capa del yo, y ha de ser entendida como vida interior, ajena por completo a nuestra participación en el mundo. Este rasgo supone que, mediante un proceso reflexivo, puedo suspender mis creencias acerca del mundo y mantener la atención en la propia vida mental como una serie de sucesos que no ocurre en el tiempo físico, sino en el tiempo interior de la corriente de mi conciencia. La reflexión hace posible la idea de mí mismo como un *ego* constante, que sólo puede ser atrapado teniendo siempre la experiencia que estoy teniendo en cada instante de la corriente de mi vida consciente. Con tal que no quede aprisionado por el solipsismo de cada instante, sino que sepa retener —según enseñó Husserl— la referencia intencional al horizonte temporal del ahora, es decir, a su relación inseparable con el pasado reciente y con el inmediato porvenir. Lo que permite constituir la unidad del yo en el flujo de la conciencia, en vez de una mera sucesión de instantes en permanente fuga. Hay además otros rasgos derivados de la intencionalidad, que hacen que cada estado de conciencia tenga un objeto: una significación que retiene también la identidad en medio de los estados mentales cambiantes. Como correlato de la unidad del yo, la identidad de los objetos es también un punto focal de la unificación de la vida mental, en cuyo curso surgen hábitos, convicciones y estilos de creer a los que se retorna cada vez. La permanencia de las convicciones y las creencias duraderas se constituye, de esta manera, en otra forma de identidad del ego, en cuanto sustrato de los hábitos que conforman la individualidad.

El ego, entonces, no es solamente el polo subjetivo de los actos intencionales, sino la totalidad concreta de cada vida mental en cuanto sustrato de las referencias temporales —hacia el pasado y hacia el futuro— que conforman toda biografía. La memoria es un fenómeno de ese sustrato de referencias desde el cual se puede dibujar perfectamente un sentido de identidad: el de la perspectiva que tengo del mundo como sujeto individual. Dicho de otra manera, el de la dedicación de mi cuerpo a mis proyectos en los actos intencionales y el modo en que estos actos se unifican en el interior de mi vida mental.

El proceso que se acaba de describir constituye la capa del ego, que es la estructura formal de la identidad de la persona, distinta todavía del *yo* propiamente dicho que vive y actúa en el tiempo real del mundo físico y de la historia. En este nivel se da otro sentido de identidad, literalmente como una construcción social, que aporta los contenidos a la estructura de la persona: punto de intersección de una variedad de relaciones —de familia, profesión, religión o partido—. Es la tensión entre estas dos identidades —forma y materia— lo que origina, en la vida de los individuos, las llamadas crisis de identidad, es decir, procesos de desajuste, en ocasiones inevitables, entre, por una parte, el ego de la intimidad y sus actos intencionales y, por otra, el *sentido* de los objetos de esos actos, acumulado por la tradición de la propia cultura. Un reconocimiento de la fuerza de las adquisiciones culturales que, sin embargo, supone siempre la posibilidad de cierto distanciamiento mediante un proceso ulterior de reflexión que apunta a recuperar la intimidad del ego.

Sujeto encarnado, *ego* reflexivo y *yo* social, según Mohanty, son posibilidades esenciales de la persona. Pero una persona es algo más todavía que esas distintas capas de *yoidad*: es un campo real de actividades prácticas y de valoración de situaciones concretas, sobre las que proyecta decisiones y nuevas posibilidades de ser. Su identidad, por tanto, no puede estar prefijada —es una identidad siempre en movimiento—. Cada persona, por decirlo así, tiene constantemente que recogerse en sí misma; tiene que unificar sus creencias y sus deseos, sus motivos y sus acciones, para identificarlos consigo misma, no meramente para recordarlos. Y tiene también que vincularse con las otras personas y participar en tradiciones comunes. Ésta es la manera de reconciliarse con esa entidad espiritual mayor que presta unidad a las dos identidades: la de la persona en su intimidad y la de su cultura.

El ensayo de Pascal Engel, «Las paradojas de la identidad personal», empieza por recordar las dos preguntas principales acerca del problema de la identidad personal en la tradición filosófica: la cuestión de saber qué es una persona, y la de saber en qué condiciones podemos decir que una persona es idéntica a sí misma, en dos momentos diferentes del tiempo. Enseguida ofrece la solución de Locke, al lado de dos objeciones fundamentales en su contra, convencido de que los debates contemporáneos no han cambiado de forma desde las propuestas de este filósofo —con excepción de dos diferencias notables—. La solución de Locke es reduccionista y no requiere distinguir entre la naturaleza o la identidad de una persona y el criterio para reconocer esa identidad, porque se atiene a la conciencia o a la memoria de un acontecimiento como el único hecho constitutivo. De manera que el criterio para reconocer la identidad es solamente la continuidad de la memoria.

No es indispensable detenerse en las dificultades que enfrenta la posición de Locke, de alguna manera circular, puesto que al recurrir a la memoria como criterio presupone lo que está en tela de juicio, a saber, el hecho mismo de la identidad personal. En cambio, es interesante seguir a Pascal Engel en su discusión de las dos diferencias contemporáneas más notables: una de ellas surgida de la aplicación del método de los experimentos de pensamiento; la otra, de una nueva formulación del reduccionismo psicológico, que propone una revisión radical de nuestro concepto usual de identidad personal que, finalmente, permitiría su eliminación.

La cuestión del método ya había sido anunciada por Locke en un ejemplo famoso. Se trata de la consideración de casos imaginarios, en los cuales se agrega o se suprime alguna característica física o psicológica de una persona, para después invitar a nuestra intuición a responder si estaríamos dispuestos a llamar personas a las entidades así modificadas, o si todavía podemos considerarlas idénticas a las personas iniciales. La diferencia introducida por los filósofos contemporáneos en esta manera de proceder —que no deja de suscitar objeciones— consiste en la invención sistemática de casos refinados de ciencia ficción. Una primera clase de objeciones, además de ver en el método un resabio empirista y verificacionista, señala que en el fondo viene a ser solamente un recurso a nuestras «intuiciones», casi siempre heredadas y con frecuencia contradictorias. Y además, conduce a una petición de principio en favor de la concepción de identidad que se defiende de antemano. Una segunda objeción reprocha al método que dé por resuelto otro problema cercano, el de la relación mente-cuerpo, sin considerar que se trata de dos cuestiones que pueden ser analizadas con relativa independencia.

En cuanto a la nueva formulación del reduccionismo psicológico, el cuerpo del ensayo de Pascal Engel se centra en la exposición y crítica del pensamiento de Derek Parfit, probablemente el más influyente de los filósofos contemporáneos en esta materia. A partir de esa crítica, el autor formula sus propias propuestas acerca de la identidad de las personas, en una dirección que no condena por completo la concepción reduccionista y que, sin embargo, deja a salvo rasgos del concepto de persona que podemos poner en conexión con las diversas capas de identidad recogidas en la descripción de Mohanty, con el beneficio, además, de ganar precisión conceptual, a la luz de la discusión contemporánea de los filósofos anglosajones.

Nos detendremos solamente en las propuestas de Engel, sin traer aquí su presentación de las tesis de Parfit, ni sus consideraciones críticas acerca de cada una de ellas —a riesgo de dejar sin comentario una de las virtudes mayores del texto, que es el detalle seguido por la argumentación—, porque la estrategia de Engel consiste en mostrar las dificultades internas de una posición reduccionista como la de Parfit, y sus compromisos con una filosofía moral determinada, para concluir que esas limitaciones impiden dar cuenta de dos características que, a su parecer, no pueden ser disociadas del concepto de persona.

La primera de estas características es la subjetividad como rasgo intrínseco de las personas. Ciertamente, Parfit no niega que el punto de vista subjetivo forme parte del contenido de nuestros pensamientos, pero sí sostiene que todos los hechos relacionados con la continuidad de una persona pueden describirse en términos impersonales, y con esto introduce una limitación inadmisible. Porque si la subjetividad es indisociable de cada persona, tampoco es concebible que ese punto de vista pueda expresarse sin utilizar el pronombre de la primera persona. Lo que no es indispensable —y en esto Engel se coloca del lado de Parfit— es que tengamos que aceptar como consecuencia la existencia de un «yo» sustancial. Parecería suficiente admitir una posición cercana a la de Kant, que hace de la unidad de la conciencia de sí, a través del tiempo, una condición formal para reagrupar la diversidad de nuestros pensamientos, de acuerdo con la cual la persona resulta ser lógica o conceptualmente anterior a los estados y a los acontecimientos que le atribuimos.

La segunda dificultad que tiene que enfrentar la concepción de Parfit encuentra su lugar también en hipótesis apoyadas en experimentos de pensamiento: el caso de los mundos gemelos y de posibles réplicas de personas en espacios y tiempos distantes. Engel insiste aquí en la objeción de otros críticos que piensan que preguntar acerca de la posibilidad de que una persona lejana pueda ser yo mismo ha de depender de rasgos intrínsecos de la relación que exista entre ambos. La posibilidad misma es, por tanto, incongruente, porque aun sin precisar las circunstancias de la lejanía, de cualquier manera que se definan aquellos rasgos, tendrán que depender de nuestro cuerpo, y del acceso que podemos tener a ellos como sujetos de nuestros propios estados mentales. Hay igualmente, al lado de los rasgos intrínsecos corporales ligados a nuestra subjetividad, los que se derivan de la relación con otras personas y, por tanto, de la clase de personas que somos, las convenciones sociales y las reglas del derecho: esto es, del carácter social de las personas.

Igual que la subjetividad de las personas consideradas en su intimidad, es decir, la atribución de ciertas experiencias a un sujeto único, el carácter social es otro rasgo que la concepción reduccionista suele ignorar al centrar su atención exclusivamente en las continuidades psicológicas. Pascal Engel, sin embargo, no condena por completo esa concepción, y define la propia como un intento de hacer compatibles, en la identidad de las personas, los hechos internos, de la psicología individual y del cuerpo, y los externos, que son resultado de la relación con otros y con el entorno social. En su punto de partida se ajusta por entero a las dos dificultades señaladas en la versión de Parfit, para afirmar frente a ellas la tesis del carácter único del acceso a las experiencias subjetivas y de la atribución sin ambigüedades, por parte de los otros, de la identidad de las personas en que se funda toda responsabilidad y todo derecho.

La afirmación de Reid sobre la asimetría de la manera en que adscribimos identidad a los cuerpos —naturales y artificiales—, y la manera en que lo hacemos con las personas, es, para Engel, un punto de fundamental importancia, a pesar de que en el lenguaje ordinario usamos el mismo término. La identidad de un objeto material es necesariamente vaga y no hay ningún inconveniente en reducirla a cualquier forma de continuidad, susceptible además de cambios graduales. Pero aunque aquella identidad no fuera vaga, de alguna manera subsiste el hecho de la asimetría; como subsiste, por otra parte, nuestro rechazo a considerar por siempre misteriosos los fenómenos subjetivos accesibles solamente en primera persona. No obstante su tenacidad, la fuerza de nuestras intuiciones no puede decidir la cuestión en favor de los reduccionistas o de sus contrarios.

Engel propone rechazar el reduccionismo y el antirreduccionismo como únicas alternativas, para intentar otra concepción que pueda conciliar los dos tipos de intuiciones, y conservar la asimetría entre los hechos de continuidad de una persona y su carácter subjetivo. Su posición consiste en aceptar del reduccionismo que, dentro de ciertos límites, una persona no es otra cosa que un conjunto de hechos físicos y psicológicos sujetos a una regularidad nomológica, que supervienen como hechos impersonales. Pero la noción de «superveniencia» tiene, en este contexto, un sentido débil —en esto radica propiamente la limitación exigida por Engel—, porque no cancela la dimensión original, que es personal y subjetiva. A esto añade todavía otra modificación al reduccionismo de Parfit, quien supone que todos los hechos relativos a la identidad de una persona son hechos internos. Engel piensa que también los hechos externos —las convenciones y las relaciones sociales— determinan parcialmente lo que entendemos por persona. Sin embargo, no deja de subrayar el carácter parcial de esta determinación, para oponerse a los puntos de vista de quienes sostienen que solamente de los hechos sociales depende la identidad de las personas. Esto entraría en contradicción con una de las tesis principales de su ensayo: la que sostiene que las personas no se reducen a hechos impersonales. Una conclusión que conecta su texto con temas desarrollados por otros autores.

La «identidad colectiva» es el tema central del ensayo «Identidad colectiva» de León Olivé, cuya preocupación por asuntos concretos lo hace derivar a otras consecuencias en el análisis del cambio social de las comunidades tradicionales. Pero, además, su planteamiento supone tesis de orden más general que es indispensable tomar en cuenta: en primer lugar, acerca de la identidad de las personas como individuos, porque ellas son cruciales para la identidad colectiva del grupo; en segundo lugar, acerca de nuestro conocimiento de esas identidades y de las condiciones generales de todo conocimiento —lo cual, finalmente, tiene también consecuencias de orden práctico—. Las tesis que se enuncian como supuestas, sin embargo, se explicitan en el cuerpo de ese ensayo, y el encadenamiento de unas con otras es justo lo que da fuerza a su argumento.

En el punto de partida hay varias afirmaciones fundamentales, ante todo, el rechazo de cualquier concepción esencialista de las personas que pueda suponer en ellas una realidad fija por descubrir, independientemente de los marcos conceptuales que la gente tiene a su disposición para identificarlas. Esto permite avanzar en la presentación de la tesis de que nuestras interpretaciones de las personas serán, en cualquier caso, construcciones sociales. Otra afirmación adelanta la noción de marco conceptual, que ha de ser entendida en el más amplio sentido: como el conjunto de recursos teóricos y conceptuales, normativos y valorativos, que las personas usamos para comprender el mundo, pero también para actuar en él. Los marcos conceptuales son, igualmente, construcciones sociales, es decir, resultado de las acciones e interacciones de muchas personas, lo que explica también sus permanentes transformaciones y, en general, su dependencia de las condiciones sociales. La aceptación de esta diversidad de puntos de vista conduce a enfocar las cuestiones de la identidad de una manera que Olivé prefiere ejemplificar con los artefactos, para después extender las conclusiones a las personas.

Distantes a la vez de las cosas naturales y de las personas, los artefactos están destinados a desempeñar papeles o a cooperar en el cumplimiento de fines determinados. Sus condiciones de identidad parecen depender, por tanto, de esas capacidades, como se puede ilustrar con el ejemplo clásico: el barco de Teseo, construido en cierta comunidad y destinado a viajar del Pireo a Delos como barco sagrado. Sin embargo, la hipótesis de la reconstrucción del barco que, en un momento dado, puede llegar a la sustitución de todas sus piezas, o el cambio de destino del mismo barco, con sus piezas originales, para ser llevado, por ejemplo, como monumento, plantea naturalmente preguntas acerca de su identidad. La propuesta conocida de David Wiggins considera que esas cuestiones surgen en razón de descripciones diferentes, y la no coincidencia entre un posible sacerdote atento a la función religiosa del barco y un anticuario preocupado por la autenticidad de las piezas originales radica en que no dirían lo mismo, aunque usaran términos iguales.

La propuesta de Olivé va mucho más lejos y sostiene que esas diferencias no pueden derivar del mero significado de los términos con que se describe una misma entidad, sino que en verdad se trata de entidades distintas, en función de los marcos conceptuales de acuerdo con los cuales se constituyen y se identifican los artefactos. Dicho de otra manera: aquel aspecto de la realidad que, en cada caso, puede satisfacer el concepto no tiene rasgos esenciales ni intrínsecos, sino que todos sus rasgos están determinados contextualmente, de acuerdo con los recursos conceptuales, los valores y los intereses prácticos de quienes lo utilizan. En resumen, qué es un artefacto y cuáles las condiciones de su identidad son dos preguntas que pueden plantearse solamente al interior de los marcos conceptuales. Esto es lo que Olivé llama una concepción internalista de los artefactos, una idea que, según piensa, arroja luz sobre el problema de la identidad de las personas.

Lo que sucede es que la pregunta por la identidad de las personas está dirigida, en este caso, a entender lo que hace de ellas el tipo o la clase de personas que son, aunque el conjunto de rasgos que haya que considerar sea realmente complejo. Esto es lo que para Engel constituía uno de los aspectos olvidados por el reduccionismo, precisamente el carácter social de las personas; y para Mohanty sólo una de las posibilidades de las personas o *capas de yoidad*, justo la que corresponde al yo como construcción social. A cambio de esa limitación señalada en el punto de partida, el intento de Olivé no se reduce a los individuos, sino que enfrenta también el problema de las personas como construcciones sociales y el de las entidades colectivas, es decir, de las sociedades de personas. No obstante, aunque las trata como tales construcciones, cuando habla de clases o tipos de personas, incluye en el concepto una variedad de elementos constitutivos que, de alguna manera, recogen las posibilidades o niveles señalados por los otros autores, salvo, tal vez, la subjetividad; con todo, no se olvida de advertir que su línea de análisis de las personas como seres sociales no es lo único que se puede decir acerca de ellas.

De hecho, Olivé considera que las clases de personas pueden diferenciarse en atención a aspectos como los siguientes: las necesidades, los deseos y los fines que constituyen su carácter; los hábitos y las disposiciones cognoscitivas y conductuales; los valores y las normas a que se atienen; en fin, sus creencias acerca del mundo y sus formas de interpretarlo y conducirse en él. Todavía añade, a manera de resumen, una advertencia prudente a propósito del alcance de la tesis principal de que las personas son construcciones sociales: que esa tesis significa que las personas son constituidas, *al menos parcialmente*, por sus relaciones con otras personas dentro de contextos de interacción y comunicación, en donde encuentran los recursos conceptuales y teóricos para interpretar el mundo y para interactuar con otras personas. Lo que no impide, al mismo tiempo, reiterar la tesis fuerte de que las personas —igual que los artefactos— no existen con independencia de los papeles que representan en una sociedad determinada, ni de sus creencias acerca del mundo y sus evaluaciones de las conductas propias y ajenas, que dan sentido a esos papeles y a los juicios de identidad. Por eso mismo, estos juicios incluyen propiedades relacionales: tener ciertas creencias y disposiciones, pertenecer a un grupo —étnico, nacional o religioso—.

El ensayo de Olivé encuentra apoyo en el libro de Rom Harré y Peter Mülhäusler, y vuelve sobre algunos de sus argumentos, no solamente sobre los que tienen que ver con los usos del lenguaje. Pero en el acercamiento a los temas más concretos del cambio social, de la situación intercultural y de la identidad de las sociedades tradicionales, se acoge muy directamente a la experiencia mexicana, aunque para presentar su posición pone en juego, además de los conceptos generales ya expuestos, las distinciones de Ernesto Garzón Valdés aplicables precisamente a esos problemas.

La significación de los marcos conceptuales para la identidad de las personas individuales se pone en evidencia cuando se habla de crisis de identidad, porque lo que con esta expresión se quiere decir —al menos lo más importante— es que la persona que está en esa situación ha puesto en duda creencias y valores prevalecientes en su grupo social, hasta el punto de no saber cuál puede ser su comportamiento correcto. En cuanto a las entidades colectivas, lo que se tiene que plantear es el cambio social. Compartir creencias y valores es lo que guarda la identidad del grupo, y a partir de lo cual éste mismo constituye a sus individuos como personas. Mientras los individuos que entran en crisis no tengan —por su número o por su calidad— fuerza suficiente para cambiar los marcos conceptuales del grupo, éste podrá definirlos como desviados o transgresores, y su esfuerzo simplemente contribuye a consolidar la entidad colectiva.

Toda sociedad puede asimilar cambios menores, es decir, cambios que afectan diversos niveles de sus actividades, sin tocar los marcos conceptuales a partir de los cuales constituye a sus individuos como personas en su propio contexto social. Cuando esto sucede, pasa a ser una sociedad diferente y puede decirse que ha perdido o está en camino de perder su identidad. Este proceso es lo que Olivé ejemplifica con los grupos étnicos de algunos países latinoamericanos, verdaderas sociedades tradicionales sumergidas en sociedades nacionales modernas.

La situación intercultural produce, de hecho, tensiones entre quienes se esfuerzan por preservar la identidad colectiva de las etnias y quienes procuran formas más homogéneas de organización, pero pone en evidencia también un nuevo contexto de comunicación entre miembros de diferentes comunidades, cada una con sus propios recursos conceptuales y su posibilidad, al menos en principio, de comprometerse con metas relativamente coordinadas. En esas prácticas, puestas en relación con el concepto de comunicación de Harré y Mülhäusler, puede Olivé, por un lado, apoyar su rechazo a criterios morales absolutos, en el sentido de que trasciendan todo contexto social y sus recursos conceptuales. Por otro lado, puede oponerse a las formas de relativismo —cognoscitivo o moral— que cierran el paso por completo a la interacción racional y a la crítica objetiva desde perspectivas culturales diferentes. Una posibilidad que, si bien moldeada por cada cultura, pertenece como capacidad a todos los miembros de la especie humana.

La respuesta filosófica a las tensiones que plantea la situación intercultural recibe, por parte de Olivé, el nombre de objetivismo, y en sus principios prácticos llega a coincidir con la posición defendida por Ernesto Garzón Valdés a propósito de las mismas materias, aunque con diferencias filosóficas fundamentales que aquí apenas podemos apuntar. Olivé comparte, por ejemplo, el principio de homogeneización que exige que todos los miembros de la sociedad nacional tengan garantizada la satisfacción de sus necesidades básicas, incluidas las indispensables para que el individuo se desempeñe como un agente moral. Pero no acepta como criterio ético la validez universal del principio —menos todavía su postulación unilateral—, sino que pretende que la definición de las necesidades básicas surja de los procesos de comunicación entre las comunidades tradicionales y las sociedades modernas, dentro del contexto de interacción nacido de la situación intercultural.

La reflexión de Luis Villoro, «Sobre la identidad de los pueblos», vuelve sobre la identidad colectiva, pero con dos advertencias preliminares: la primera, que enlaza con la tesis de Reid sostenida por Engel, dice que «identidad» es un término cuyo significado varía de acuerdo con la clase de objetos a que se aplica; y la segunda que declara su propósito de restringir sus análisis solamente a la *identidad de los pueblos*, que, en este caso, entendiendo «pueblo» en dos sentidos: como nacionalidades y como etnias, desde una perspectiva también delimitada por el punto de vista del propio sujeto, como autognosis, sin considerar lo que pudiera ser, por ejemplo, la tarea del etnólogo, que identifica un pueblo desde fuera.

En un primer nivel, identificar quiere decir singularizar y envuelve dos sentidos ligados entre sí: discernir algo en el tiempo y en el espacio por las notas que lo distinguen frente a los demás, y, a la vez, determinar las notas que permanecen en el objeto mientras sigue siendo el mismo objeto. Si esto se aplica a entidades colectivas, obliga, en primer lugar, a señalar notas más o menos duraderas para reconocer cada pueblo frente a los demás; y a establecer también su unidad a través del tiempo, acudiendo a la historia. Se trata de operaciones descriptivas a las que recurren el etnólogo y el historiador que, sin embargo, a Villoro le parecen insuficientes. Hay un segundo nivel de significado que rebasa las tareas anteriores cuando se adopta el punto de vista del sujeto, ya sea como persona o como pueblo, que en ambos casos presupone una conciencia de singularidad pero que no se reduce a ella. Esta conciencia tiene una representación de sí misma, una imagen de su cuerpo y de su papel social, además de una interpretación de la manera en que es determinada por la mirada de los otros. Lo que se llama crisis de identidad se da, en este segundo nivel, como la sensación del riesgo de perder aquella representación que el sujeto tiene de sí mismo. En este sentido, la identidad puede faltar, y puede ser buscada o destruida. Pero como es algo que se construye desde el propio sujeto, ya no se puede capturar íntegramente con meras descripciones, porque es una imagen ideal de él mismo, cargada de valores. Es justo la posibilidad de oponer el proyecto propio a la mirada ajena, y, por tanto, también una manera de dar sentido a la vida.

En este punto, Villoro se detiene unas líneas para advertir al lector del alcance de estas expresiones referidas a la identidad colectiva, que no es un «sujeto de conciencia» en el mismo sentido que una persona individual. Pero tampoco es una mera metáfora surgida de la simple analogía, ni menos todavía una entidad metafísica, sino una construcción intersubjetiva que comparten los individuos de una misma colectividad, una construcción cuyo contenido es un sistema de creencias, actitudes y comportamientos, que le son comunicados a cada miembro del grupo por su mera pertenencia a él. En realidad es un modo de comprender el mundo, de sentir y actuar, cuyas formas de vida compartidas se expresan en instituciones, saberes y comportamientos regulados, en los que se reconoce cada miembro del grupo y reconoce como tal a otra persona. El problema de la identidad de los pueblos, resume Villoro, remite a su cultura. Con esto recupera un aspecto que trata Olivé en «Identidad colectiva» y se conecta también con los textos de Mohanty y Engel que aquí se han mencionado. Pero sobre todo, en sus aclaraciones sobre el alcance de las expresiones referidas a la identidad colectiva, descubre el nudo que une los hilos de su argumentación, no solamente para justificar el empleo de esos términos, sino para enlazar la identidad personal y la colectiva.

Como además Villoro está interesado en cuestiones de orden práctico, utiliza como recurso —para explicar lo que puede comprenderse por identidad— el examen de varias situaciones en que, para un pueblo, puede resultar imperiosa la búsqueda de su identidad. Se trata de situaciones de dominación y dependencia, en contextos de colonización o de marginación de minorías en el seno de una cultura nacional. Otros ejemplos, caracterizados cuidado-samente, ilustran los usos del término en circunstancias diversas y, finalmente, en la segunda parte del ensayo de Villoro, conducen a una distinción capital entre dos concepciones de la identidad, opuestas en sus metas y en sus procedimientos, que se manifiestan en aquellos casos en que la representación que una colectividad tiene de sí misma se vuelve tema de reflexión expresa en la litera-tura, en la filosofía y en el pensamiento político.

Esas dos formas de concebir la identidad tienen vías diferentes de acceso al problema: una de ellas sigue la vía de la *singularización;* la otra, la vía de la *autenticidad.* La primera quiere identificar a un pueblo distinguiéndolo de los demás mediante la abstracción de sus rasgos particulares y la exclusión de los que son comunes a otras culturas. Es la idea implícita en todos los nacionalismos, que además incluye la valoración de lo propio solamente por ser exclu-sivo, aunque suele adoptar caminos diferentes, algunos de los cua-les Villoro puntualiza y los somete a severas críticas. Toma partido, en cambio, por el modelo de la autenticidad, que nuevamente se define por analogía con la de las personas en tanto que individuos. Se llama auténtica a una cultura, cuando está dirigida por proyec-tos que responden a necesidades y deseos colectivos básicos, y cuando expresa creencias y valoraciones que comparte la mayoría de los miembros de esa cultura. Lo contrario de una cultura autén-tica es aquella que responde a necesidades y proyectos propios de una situación distinta de la que vive su pueblo, o bien una cultura escindida y fragmentaria en la que sólo pueden reconocerse grupos reducidos de esa sociedad. Tan inauténtica puede ser una cultura que repite un pasado propio que ya no obedece a necesidades co-lectivas reales, como otra que imita formas ajenas que no respon-den a su propia situación.

De manera cercana a Sartre y a Rousseau, cuyos lenguajes po-demos reconocer en la reelaboración conceptual de Villoro, las ne-cesidades y las prácticas sociales son las de los individuos que, en cierta situación, constituyen la mayoría de una colectividad, y logran unificar intereses diversos alrededor de un proyecto co-mún. La conclusión viene a definir este modelo de identidad no como el conjunto abstracto de características singulares de un pueblo, sino como la representación imaginaria con la que, en una situación dada, un pueblo expresa sus necesidades y sus anhelos en un proyecto concreto.

La representación —el «sí mismo» de las entidades colectivas— no puede ser, por tanto, un legado, sino una propuesta de acción, cargada de ideales y coherente con las necesidades reales, que no tiene que evitar, por principio, rasgos comunes a otras culturas; como tampoco tiene que permanecer idéntica ante situaciones que son cambiantes. Nuevas posibilidades obligan a nuevos proyectos, que a su vez tienen que reinterpretar el pasado y conformarse con las rupturas de la historia.

El profesor Tomonobu Imamichi ha escrito un estudio comparado acerca de la identidad en Oriente y Occidente («Identidad y ecoética. Estudio comparativo»), pero limitado a cuatro temas que precisa con claridad: el alcance lingüístico, la estructura ontológica de la persona, la perspectiva lógica, y la esfera cosmológica. Todos enlazados por una preocupación ética que, sin embargo, recibe el nombre de ecoética —derivado de *oikos*—, para subrayar la más amplia dimensión de la esfera humana viviente, comprendidas la naturaleza, la cultura y la técnica; y el lugar principal que ha de concederse a la identidad colectiva, en vista de su poder de decisión en las sociedades modernas de gran desarrollo tecnológico.

Desde esta perspectiva, a Imamichi le parece que se descubre un nuevo significado moral de la identidad colectiva, además de que cobra interés el problema de la estructura ontológica del grupo, para la determinación de sus responsabilidades. En oposición al pensamiento occidental —que ejemplifica con Durkheim—, inclinado a considerar que la identidad colectiva se origina en sociedades primitivas a partir de las cuales el desarrollo cultural posterior permite el surgimiento de la identidad individual, Imamichi compara las costumbres lingüísticas de sociedades contemporáneas orientales y occidentales, y muestra el error de aquella generalización. Sostiene, además, que el colectivismo oriental tiene un carácter funcional, en el sentido de que deja la religión y la ideología a elección de cada miembro, con tal que éste contribuya a la función del grupo, tesis que se corresponde con una distinción que se da en la lengua japonesa: en cada miembro del grupo hay, propiamente, dos sujetos, uno es el sujeto funcional como máscara, en cuanto unidad de la entidad colectiva en la vida pública (*tatemae*); otro es la persona como sustancia individual, con su identidad en la vida privada (*honne*). Entre ambos puede llegar a surgir la oposición, porque, apoyado en razones éticas, el individuo puede disentir de la decisión general, aunque tenga que acatarla forzado como miembro del grupo o procure la realización personal en el aislamiento.

Éste es un punto que, según Imamichi, constituye una contribución del pensamiento oriental a la filosofía contemporánea, si los occidentales reflexionan a su vez desde la subjetividad individual en la dirección del comportamiento de las entidades colectivas, porque la dirección de las dos tradiciones ha sido siempre opuesta, según se muestra también en el lenguaje del saludo.

No obstante, la distinción no sólo se apoya en las expresiones japonesas del lenguaje ordinario, sino en las de filósofos orientales de la antigüedad, como Tschuang Tschou. Según este clásico, hay una diferencia estructural entre el sujeto fenoménico, que puede ser ofrecido a la colectividad y que nosotros objetivamos por la reflexión, y el sujeto original y constante, que tiene su propio peso ontológico, y que constituye la persona individual en su intimidad. Lo que Imamichi propone como campo de la intersubjetividad no tiene que ver con la terminología husserliana, sino con el acercamiento de esta doble dimensión ontológica y fenoménica de la estructura de la persona.

Desde el punto de vista de la lógica, Imamichi opone el ideal de la filosofía oriental como intuición unificadora —mediante la identidad como indiferencia—, a la tradición occidental, cuya ciencia conoce también por identidad, pero por identidades objetivas que establecen diferencias entre los seres y constituyen una visión analítica del mundo. Para concluir se pregunta por el derecho del ser humano a la diferencia axiológica frente a los otros seres no humanos, cuando debiera plantearse el problema moral relativamente a todos los seres, desde una perspectiva cosmológica. Porque considera que la identidad del cosmos, en cuanto movimiento constante de la naturaleza, es una de las identidades colectivas en cuya simbiosis participamos los humanos también como identidad colectiva —pero no con nuestra íntima persona individual, que hace un corte vertical en aquella circulación cósmica—. Lo que nos está permitido como identidades personales es solamente reflexionar en la perenne posibilidad del cosmos y hacernos presentes, como identidades individuales, con una actividad espiritual que a otros seres ha sido vedada.

La lectura de los ensayos a los que nos hemos referido permite subrayar las convergencias de los cinco filósofos invitados como conferenciantes a la reunión de México, pero no tiene por qué ocultar las discrepancias, la mayor de las cuales es, tal vez, la del último texto, por lo que podría llamarse su intención metafísica. Ciertamente, no sólo por eso. La comparación de las grandes culturas filosóficas de Oriente y Occidente no puede menos que hacernos recordar la distinción apuntada por algún antropólogo notable, entre culturas individualistas y culturas holistas. Verdaderas concepciones del mundo que, al menos a primera vista, cabría pensar que son inconmensurables, en parte por sus contenidos, en parte también por sus métodos: como si cada una de ellas tomara como punto de partida lo que la otra aguarda en su punto de llegada, a sabiendas de que son largos los caminos y bordeados de abismos metafísicos.

Nada podría ilustrar mejor la impresión que se acaba de describir que el tratamiento de la primera de las dos grandes cuestiones filosóficas que se plantean a propósito de la identidad personal: la cuestión de saber qué es una persona. Parecería que la tradición occidental ha tenido que partir de la subjetividad hasta alcanzar la dimensión social de las personas —aunque no olvide nunca que una requiere la otra— y, solamente cuando ese aspecto ha quedado a salvo, ha transitado al problema de las entidades colectivas. Y a propósito de éstas, ha dejado abierto todavía el campo de tensiones de la intersubjetividad, al que no deja de acudir el lenguaje de las personas, en tanto que la tradición de pensamiento de los orientales parece haber tomado el mismo camino, pero en la dirección inversa.

Las cuestiones pendientes surgen, por razones de filosofía práctica, justo en el lugar señalado de las tensiones, donde ya no es fácil conformarse con aproximaciones y paralelismos. ¿Qué son las colectividades en relación con las personas que las integramos, y qué podemos saber de su comportamiento? Si nuestro conocimiento de ellas, además de la mera experiencia vivida, está fundado sobre todo en nuestra memoria y en nuestra imaginación, ¿es lo bastante recio como para apoyar en él nuestras decisiones morales? ¿Qué tenemos que saber de ellas —y de nosotros mismos en ellas— cuando intentamos comprenderlas y comprometernos en decisiones políticas que las afectan como entidades colectivas?

El modo de iniciar los planteamientos, que tiene el respaldo de una gran porción de la tradición filosófica occidental, hace remontar estas cuestiones a la conciencia de sí, como la construcción de una imagen congruente de la propia vida y de su lugar en el mundo, que se asume como una actitud moral fundamental. Desde esta imagen se puede revalorar todo el pasado, de una manera selectiva y crítica —y preparar las decisiones frente a las contingencias del presente—. Esta forma de conciencia retoma su lugar en las responsabilidades colectivas, en grupos y pueblos dotados también de identidad, y en las más amplias organizaciones nacionales y multinacionales, pero mantiene la elección primera como un núcleo moral irreductible al que siempre se puede retornar.

Por esta vía, es decir, sobre la débil base del juicio moral de la persona, tiene que montarse la justificación última de las formas de vida, la participación en el proceso público de las tradiciones y la propia membresía en las entidades colectivas. Con esto queda a salvo el lenguaje de primera persona en el campo de la moralidad y se acentúan los rasgos de autonomía de la ética. Permanecen, en cambio, las dificultades para explicar las funciones efectivas, complementarias y estabilizadoras de las entidades colectivas.

Existe también el camino inverso, que parte de las entidades colectivas, y que parece tener menos problemas para explicar las funciones reales de estas entidades —y en general de toda la dimensión pública de la vida social—. Cuando se topa con el problema de las personas y de las condiciones de su identidad, esta vía de análisis acepta que dentro de esas condiciones tienen que quedar incluidas las intenciones y las creencias, las necesidades y los deseos, las disposiciones y los recursos conceptuales, cuya expresión conjunta viene a integrar lo que llamamos una concepción del mundo. Pero, enseguida, añade que todo esto queda incluido a su vez en el *análisis de la persona como ser social*, que no puede ser comprendido sino dentro de un amplio contexto comunicativo de evaluaciones y creencias compartidas. En suma, que las personas son, en su sentido original, individuos constituidos en esa dimensión pública de la sociedad, y que, aun cuando quieren identificarse a sí mismas, quedan constreñidas a usar el mismo marco conceptual colectivo.

Pareciera que la preocupación apuntada tiene que ver con la manera en que se interpreta el sentido original de la persona y de ninguna manera con las complejas condiciones de su identidad. Ninguna de las dos direcciones intenta reducir la multiplicidad de estas condiciones. Ni el proyecto autónomo desconoce el contexto, ni la versión social de la persona excluye la dimensión moral.

Pero todavía se requiere un gran esfuerzo de análisis para alcanzar alguna claridad entre estas dos líneas de sombra, que bien podrían ser, en la tradición de la filosofía moderna, la sombra de Kant y la sombra de Hegel.

Cultura y lenguaje

Al profesor José Luis Aranguren

Hace dos años me fue concedido el honor de decir algunas palabras al iniciarse el I Simposio Hispano-Mexicano de Filosofía en la Universidad de Salamanca, restringido en aquella ocasión a cuestiones de lógica, filosofía de la ciencia y del lenguaje. El año pasado asistí como invitado al I Encuentro Hispano-Mexicano de Filosofía Moral y Política, que tuvo lugar en Santander, y fue patrocinado por la Universidad Menéndez y Pelayo. Ahora se me ha pedido pronunciar estas palabras en la clausura del II Encuentro Hispano-Mexicano. Debo decir que la satisfacción que he sentido por tales reiteradas muestras de amistad y benevolencia por parte de los diversos responsables de la organización de estos actos no logra ocultarme la dificultad de hallar una explicación —por encima de esos motivos que tanto agradezco— para semejantes coincidencias.

La reunión iniciada en el Pazo de Mariñán, que hoy se clausura en este Instituto de Cooperación Iberoamericana, al haber dedicado la mayor parte de su tiempo al estudio de problemas de filosofía moral y política, ha cubierto también, al menos durante cuatro sesiones, cuestiones relativas a la situación de la filosofía en los países de lengua castellana —sin que faltaran las oportunidades de transitar de un grupo de problemas a otro—. Y nada más natural, dadas las características de quienes hemos asistido: principalmente españoles y mexicanos, pero también invitados originarios de otros países donde el castellano es la lengua dominante, cuando no la única. Con una sola excepción, que confirma la regla.

El tema de estas palabras de clausura parece obligado por esta circunstancia: nos separan fronteras nacionales marcadas por estructuras de poder político; en cambio, nos acerca la unidad de la lengua en que casi todos hemos sido educados, al lado de otras experiencias históricas comunes. Tal circunstancia podría ser de interés en una reunión de filósofos, al menos por dos razones: una relacionada con experiencias históricas recientes; la otra, con desarrollos contemporáneos de la filosofía en el pasado inmediato.

Para reducir el asunto solamente al caso de México, en razón de poder acudir a algún ejemplo de detalle, quisiera recordar algunas experiencias recientes de migración intelectual por motivos de violencia política. Las crisis internas de nuestros países desembocan, a veces, en conflictos o en francas guerras civiles —a las que no siempre son ajenos los imperios, deseosos de rectificar fronteras o simplemente de aumentar impuestos—. Por supuesto que el exilio político no es un fenómeno específico de nuestro tiempo, pero no cabe duda que en este siglo ha alcanzado proporciones que antes no tuvo. La Revolución Mexicana de 1910 hizo salir del país a varios de los protagonistas de la historia de las ideas en ese periodo de México: Justo Sierra murió en el destierro; Vasconcelos salió varias veces; el dominicano Pedro Henríquez Ureña se ausentó en esos años para establecer su residencia definitiva en Argentina; Alfonso Reyes pasó años de destierro en Madrid, y algunas de sus más bellas páginas son páginas de exilio; después prolongó su ausencia de México en el servicio diplomático y vivió en París, pero sobre todo en Montevideo, Buenos Aires y Río de Janeiro.

Entre otras enseñanzas, Reyes nos dejó una ciertamente invaluable: la convicción de que somos herederos de todas las culturas de Occidente. Las generaciones posteriores, que aprendieron esa lección europea e iberoamericana, ampliaron aún más esa convicción en un sentido cosmopolita y de rescate de nuestro pasado prehispánico. Pero el poema que Jorge Luis Borges escribió a la muerte de Reyes subraya un rasgo de aquella universalidad que acentúa su relación con la lengua castellana, desde la prosa del Mío Cid «hasta los arrabales del lunfardo». Y sólo por este rasgo se comprende que Borges pudiera decir, de su amigo mexicano, que:

Supo bien aquel arte que ninguno
supo del todo, ni Simbad ni Ulises,
que es pasar de un país a otros países
y estar íntegramente en cada uno.

A partir de los últimos años de la década de 1930, en México hemos vivido una situación diferente: recibimos, primero, a los refugiados que salieron de España a la caída de la República; después, a grupos diversos de centroamericanos; finalmente, a argentinos, uruguayos y gente de otros países de América del Sur. Con independencia del significado que ha tenido la presencia de estos grupos para el desarrollo de las ideas filosóficas en México, permanece el valor de la experiencia integradora. Ellos y nosotros descubrimos en este tiempo muchos puntos de semejanza en nuestras respectivas situaciones culturales, correspondencias notables en la marcha de las ideas en nuestros países, y todo dentro de una comunidad de tradición que parece coincidir completamente con las fronteras imprecisas de la geografía de la lengua castellana, y en general, de las lenguas originarias de esta península.

Entre quienes llegaron a México con motivo de la guerra civil española, tal vez nadie reflexionó sobre estas materias tanto como José Gaos, ante todo en los años inmediatamente anteriores a 1945. Pocos estaban como él tan aptos para esa tarea. Al iniciar sus estudios de filosofía en Madrid, Gaos había tenido dudas para elegir entre esta disciplina y la filología; tal era su inclinación para el estudio de las lenguas. Más tarde, por sugerencia de su maestro Ortega, había aprendido el árabe, con vistas a un proyecto nunca realizado de historia de la filosofía en España —que en esas fechas dio como único fruto el breve texto sobre Maimónides—. Para su trabajo con los libros alemanes clásicos y contemporáneos, Gaos había tenido el consejo cercano de Morente y Zubiri, y para su estudio de la filosofía escolástica, el de su joven discípulo Manuel Mindán. La sensibilidad de Gaos para cuestiones lingüísticas quedó probada de muchas maneras, entre otras con sus traducciones; pero también con sus propuestas de modificar palabras castellanas para describir su adaptación al país que vino a ser su patria de destino:

hablaba del momento de su «empatriación» en México; y para rechazar la situación del desterrado decía —con un término que hizo fortuna— que él y sus colegas habían sido «transterrados».

A fines de 1938, fecha de su llegada a México, Gaos sintió la necesidad de revivir aquel proyecto orteguiano de historia de la filosofía en España, y de ampliarlo en dos direcciones. En primer lugar, como una *historia del pensamiento*, no de la filosofía en sentido estricto —porque Gaos hacía, en este aspecto, distinciones muy precisas—, y la palabra «pensamiento» alcanzaba, según el, en su amplitud, a la filosofía en sentido estricto, pero también a las ideas expuestas con métodos científicos o expresadas en la literatura a propósito de problemas de circunstancias. En segundo lugar, el proyecto se extendió hasta cubrir la historia de las ideas no sólo en España, sino en todos los países de lengua española. Y aunque el título del seminario que Gaos fundó, en la recién creada Casa de España en México, quedaba limitado por esos términos, de hecho se hicieron allí investigaciones también sobre Brasil y Portugal.

Varios de los ensayos publicados por Gaos entre 1940 y 1945 tienen el carácter de hipótesis de trabajo para aquella historia proyectada. En ellos se traza una propuesta de periodización, pero además una caracterización e interpretación de la historia del pensamiento hispanoamericano como una unidad, así como su localización dentro de la más vasta historia de las ideas, que a su vez se integra en la historia universal. De tales planteamientos, habría muchos aspectos que recordar ahora como materia de interés para la reunión que concluye. Me limitaré a citar solamente uno, sin tocar siquiera las correspondencias entre la historia del pensamiento en España y la del pensamiento en México, ni los nexos individuales entre filósofos de los dos países, que Gaos registra en su ensayo *El pensamiento hispanoamericano*. Este aspecto nos conduce al tema de la unidad de la lengua y de su relación con el pensamiento, que, como dije antes, podría ser una segunda razón para destacar la importancia de una reunión como la nuestra, en vista de los desarrollos contemporáneos de la filosofía.

El texto de Gaos a que he hecho alusión es una ponencia de 1944, presentada para su discusión en el Centro de Estudios Sociales de El Colegio de México. En un apartado destinado a definiciones y supuestos, la ponencia establece como un hecho fuera de toda duda la existencia de diversas configuraciones sociales, entre las cuales se dan las agrupaciones nacionales; pero, además, afirma la contribución del pensamiento y el lenguaje a la formación de las nacionalidades. Y deja sin aclarar otro punto, que se conecta con el estilo del pensamiento: «*Entre* fondo y forma —nos dice subrayando el *entre*—, por la vinculación mutua del pensamiento y ella, está una forma singularmente importante: la lengua.»

La relación entre pensamiento, lenguaje y comunidad nacional permanece, por tanto, afirmada pero indiscutida, aunque se reconoce expresamente su importancia. Y se encuentra neutralizada por la tesis central que la ponencia defiende: la unidad de un pensamiento y hasta de correspondencias en los desarrollos filosóficos paralelos, que se comprenden en función de una comunidad lingüística supranacional, y no en función de otros rasgos de las agrupaciones nacionales.

La publicación recoge los comentarios de algunos asistentes a la reunión, filósofos, historiadores, literatos y un antropólogo: Alfonso Caso. A partir de la intervención de este último —en cuyas palabras se perciben las posiciones del relativismo cultural—, la discusión deriva hacia las diferencias entre la concepción del mundo europea y la hispanoamericana, para insistir en lo específico de la segunda, y señalar que ello se debe a sus elementos aborígenes.

Al responder a los comentarios, el ponente no niega —como cuestión de principio— la posibilidad de que existan ingredientes aborígenes dentro del pensamiento hispanoamericano. Lo que niega, en cambio, de manera muy enfática, es lo siguiente: que existan métodos para discernirlo y denunciarlo; o que pueda ser percibido sin ayuda de método alguno. «Porque, *a priori*, no me parece posible que *lo aborigen no se traduzca realmente en pensamiento*.» Y de esa manera —habrá que completar el argumento de Gaos—, que permanezca francamente indiscernible dentro del cuerpo general de las ideas, salvo por los matices que puedan descubrirse en la circunstancia inmediata que dio origen a los planteamientos.

Las tesis fundamentales del relativismo cultural habían sido introducidas en México desde principios de siglo —a partir de 1911 para ser exactos—, con la estancia de Franz Boas como profesor de antropología en la Escuela de Altos Estudios. Boas insistió, apoyado en observaciones de su trabajo de campo, en que lenguaje y cultura no tienen necesariamente el mismo destino: de modo que una lengua puede permanecer constante aunque cambie la cultura; como también puede suceder lo contrario, que la cultura permanezca y cambie la lengua. Esto permite conjeturar la ausencia de una relación directa entre la cultura de un grupo y el lenguaje que habla este grupo. Y, desde luego, permite rechazar la tesis de que cierto estado de cultura esté condicionado por rasgos morfológicos del lenguaje. La relación, sin embargo, puede darse en un sentido inverso: en el sentido de que, en alguna medida, la forma del lenguaje puede ser moldeada por el estado de la cultura. Y esta medida, que habría que puntualizar en cada caso mediante la observación, será siempre de importancia menor y no podrá constituir un obstáculo para que un pueblo avance hacia formas más complejas de pensamiento.

Lo que hay que explicar, dice Boas, son las influencias que orientan los esfuerzos del hombre para entender los fenómenos de la naturaleza, los prejuicios con que clasifica sus experiencias, las ideas tradicionales o las hipótesis no examinadas a partir de las cuales interpreta cada nueva percepción. Pero todo esto —mitología, teología y categorías filosóficas—, que está en el fundamento de nuestros raciocinios, supone un elemento que se transmite por medio de la educación a los nuevos miembros de cada comunidad, como sustancia tradicional; casi lo mismo que el folclor. Aquí se dan las diferencias entre las culturas que trata de establecer el antropólogo, y no en supuestas peculiaridades de la mente del hombre. La ventaja que ofrece la lingüística en estos estudios comparativos es que el proceso que conduce a la formación de estas categorías puede seguirse en las variaciones del lenguaje, sin los factores engañosos y perturbadores que son tan comunes en la etnología. Pero salvo esta función instrumental, la lingüística tiene que aceptar el hecho de la falta de relación directa entre la cultura de un grupo y su lenguaje.

Hasta aquí llega lo que podríamos llamar el núcleo del relativismo cultural de Boas que, no sin polémica, sobrevivió entre los antropólogos mexicanos hasta comienzos de los años cuarenta —justo en las fechas de la publicación de Gaos—. Por esos años, otros desarrollos llegaron a constituir la base doctrinal de la política indigenista del gobierno mexicano, que propugnó por el uso de las lenguas vernáculas en la enseñanza. Los desarrollos no provenían exclusivamente de la lingüística, sino de la política: por ejemplo, de las tesis oficiales del marxismo acerca de las nacionalidades.

Las ideas de Boas fueron prolongadas en una dirección que él mismo no había previsto. Nunca puso en duda algunas tesis sobre pensamiento y lenguaje ahora inaceptables, por ejemplo: que siempre que pensamos lo hacemos en palabras, y éstas permanecen asociadas de manera inconsciente a aquellos agrupamientos tradicionales de ideas que utilizamos como hipótesis no examinadas de nuestras percepciones y conocimientos. Pero no parece haber ido más allá de esto.

En el tema de las relaciones entre lenguaje y cultura, Edward Sapir siguió a Boas —en sus primeros publicaciones— de una manera casi literal. Pero a partir del comienzo de los años treinta, sus trabajos sobre las realidades psicológicas del lenguaje lo llevaron a establecer una tesis que contradice a Boas, en el sentido de que al menos ciertas percepciones resultan constreñidas por los supuestos de las estructuras lingüísticas del sujeto que habla. Si el lenguaje no determina los contenidos de la percepción, al menos los condiciona con sus prácticas de categorización, y predispone al hablante a ciertas opciones de interpretación. Éste es un punto de vista que, al cuestionar la neutralidad del lenguaje, hizo posible reducir el relativismo cultural a otro puramente lingüístico, y asociar, en términos generales, una lengua a una cultura, a una nación o a una concepción del mundo; esto, a su vez, permitió recuperar la orientación iniciada por Herder y Humboldt, que siempre mantuvo cierto vigor en el pensamiento alemán.

El encargado de llevar estos planteamientos a sus consecuencias extremas fue Benjamin Lee Whorf, un discípulo de Sapir.

Whorf había estado en México en 1930, dedicado al estudio de dialectos del náhuatl de una zona cercana a la ciudad capital; estudios que por sus méritos lingüísticos aún aprecian los antropólogos mexicanos. Más tarde, asociado con el grupo de discípulos de Sapir, publicó sus ensayos propiamente filosóficos sobre mente, lenguaje y realidad. Además, intentó realizar la prueba empírica de sus hipótesis con el estudio de la lengua de un grupo indígena de Arizona y su posterior descripción etnográfica. Según sus conclusiones, un acuerdo mantenido por la comunidad divide la naturaleza en porciones y la organiza en conceptos codificados que siguen los modelos del lenguaje, de modo que no es posible hablar sin adscribirse a esa organización y a esa clasificación. De esta manera, el sistema lingüístico de cada lengua particular es el formador de las ideas acerca de la realidad y la verdadera guía de los procesos mentales individuales.

El trabajo profesional de Whorf como lingüista convenció a los antropólogos mexicanos —también sus ideas generales sobre pensamiento y lenguaje—, porque quienes llevaron a cabo la reforma política en relación con la enseñanza de las lenguas vernáculas, que se implantó en 1944, reclamaban los nombres de Sapir y Whorf entre los respaldos teóricos de su propuesta. Respaldos presentes también en alguna de las publicaciones mexicanas de aquella época, en que los trabajos etnográficos sobre una población indígena se integraron con la investigación de la percepción cromática del grupo, en relación con el lenguaje.

El trabajo de Whorf como filósofo del lenguaje parece haber sido menos convincente, sobre todo entre los filósofos. Dicho en términos muy generales, la filosofía contemporánea difiere de algunos de los supuestos de Whorf sobre la naturaleza del lenguaje, asunto que no se va a tocar aquí, pero sobre el cual me gustaría decir dos palabras en cuanto a la orientación de los principales argumentos que se han esgrimido en contra de sus hipótesis específicas y de sus procedimientos de corroboración.

Probablemente algunos filósofos estarían de acuerdo en defender, con los matices pertinentes, alguna forma de absolutismo que remita a leyes universales de la razón; pero seguramente serían muy pocos los que estarían interesados en rechazar un relativismo cultural, presentado, por ejemplo, en los términos de Franz Boas. Incluso, tal vez, no faltaría acuerdo para aceptar que una lengua puede constituirse, en un momento dado, en obstáculo para la expresión de ideas, porque de alguna manera la actividad lingüística encuentra su lugar en la experiencia vivida de una cultura, o, si se quiere, de una forma de vida. Pero más allá de las limitaciones que provienen de la pobreza de un vocabulario disponible, o de supuestos dudosos encerrados en expresiones corrientes, las influencias más generales que la estructura particular de una lengua ejerce sobre el pensamiento son más difíciles de precisar.

Los antropólogos pueden, en el estudio de una comunidad, identificar los términos clave de una concepción del mundo más o menos comparable con otras. Seguramente también pueden establecer correspondencias entre los términos de aquella concepción del mundo y algunos rasgos gramaticales especialmente elegidos. Pero hasta ahora no han podido ofrecer criterios estrictos para decidir que determinado vocablo, de alcance filosófico, haya surgido como tal precisamente a partir de un rasgo de la lengua estudiada. Y en la medida en que estos criterios de método no sean esclarecidos, sus hallazgos pueden resultar atractivos y sugerentes, pero no habrá manera de comprobar su valor de verdad.

Por otra parte, si es cierto que la variedad de las lenguas —como la variedad de las culturas— es un hecho impresionante que invita a imaginar también una variedad de concepciones del mundo inconmensurables, no es menos cierto que las lenguas cambian constantemente, y que las que viven en contacto con otras se acercan a ellas para afinar sus posibilidades de traducción, fundadas, ante todo, en la *universalidad* de las propias lenguas.

La filosofía de los tiempos modernos, una vez que hubo abandonado el latín, nos ha dejado pruebas más que suficientes acerca de la precisión con que los sistemas filosóficos se expresan con igual facilidad en distintas lenguas, y así pueden participar en el mismo juego de la discusión filosófica. Y de tal manera nos hemos habituado a esto, que de modo inconsciente aplicamos a diario el dicho del poeta —cambiando los términos, naturalmente—, para definir el discurso filosófico como aquello que permanece una vez que hemos hecho la traducción. Y aún con mayor firmeza, porque bien podría ser que lo dicho para la filosofía no valiera igual para la creación literaria.

Pero el punto sobre el cual ahora quisiera llamar la atención es el siguiente: las dos orientaciones fundamentales de los argumentos contra las tesis de Whorf que acabo de resumir —una que utiliza la traducción como contraejemplo y otra que se refiere a los métodos de investigación para discernir los orígenes lingüísticos de las categorías filosóficas— están contenidas en la breve respuesta que dio Gaos a Alfonso Caso en 1944.

Aquel diálogo entre el antropólogo mexicano y el filósofo transterrado, sin embargo, no excluye acuerdos también para nosotros admisibles. Hace ya tiempo que las preocupaciones filosóficas por el estudio del lenguaje no se concentran en las meras relaciones sintácticas entre los signos; ni siquiera en las relaciones semánticas y en las cuestiones acerca del significado, sino que incluso parece haber pasado a un primer plano de atención el estudio de las relaciones pragmáticas: esto es, las que se dan entre los signos y los usuarios, y entre ambos y su contexto. El punto de vista pragmático que se ocupa del lenguaje como un comportamiento, como un modo de actuar de los seres humanos, está menos alejado de disciplinas como la antropología, pues pretende tomar en cuenta las circunstancias que concurren en la práctica de una comunidad lingüística. Y en estas materias, algunas de las tesis relativistas, que no parecen apuntar tanto a diferencias en la mentalidad de los hombres de diversas culturas ni a ideas innatas, sino más bien a ciertas uniformidades empíricas de la vida social y a necesidades históricas de la comunicación humana, podrían probablemente ser llevadas a terrenos más firmes, aunque más modestos, con tal que no se pierda de vista que en estos terrenos no se pueden apoyar las soluciones a los problemas epistemológicos fundamentales.

Whorf mismo, vale la pena recordarlo, en un artículo de 1940 titulado «Lingüistics as an Exact Science», con la imprecisión de sus afirmaciones generales y metafóricas, decía del conocimiento científico lo siguiente: «La concepción del mundo de la ciencia moderna surge de la alta especialización de la gramática básica de las lenguas occidentales indoeuropeas. Pero, por supuesto, la ciencia no es *causada* por la gramática; simplemente es coloreada por ella.»

La distinción de Gaos, que deja a salvo de todo relativismo a la filosofía en sentido estricto, advierte que el pensamiento —definido como respuesta a la urgencia de los problemas inmediatos en formas de expresión no filosóficas— queda marcado por la circunstancia que está en el origen de sus planteamientos. Pero saber que este contexto es inevitable de ninguna manera es garantía de verdad; es simplemente la marca de la autenticidad.

Las propuestas finales de la ponencia de Gaos a la que me he referido no son propuestas filosóficas, tampoco son lingüísticas, ni siquiera en el sentido de la pragmática, sino de cooperación y política cultural sobre la comunicación entre quienes se dedican a la filosofía en nuestros países; sobre la circulación de sus publicaciones; sobre la necesaria atención a las tradiciones culturales que nos son propias y a sus clásicos en materia de historia de las ideas; sobre la necesidad de hacer valer la propia lengua en la comunidad filosófica internacional y de ganar audiencia a partir de ella para todo lo anterior: tradición, publicaciones y actividad filosófica. Pero, antes que nada, está la propuesta de realizar un gran congreso de filosofía hispanoamericana, que prepararía y daría impulso a lo ya dicho.

No insistiré en estas propuestas. Fueron renovadas con buenos argumentos hace una semana. Pero he querido enlazar el recuerdo reciente de Mariñán con el texto de hace cuarenta años, rodeado de su contexto histórico y de experiencia de vida, porque creo que estas circunstancias son las que realmente explican la coincidencia en las preocupaciones prácticas. Las propuestas de Gaos no se fundan en el relativismo cultural, discutido con argumentos pertinentes y dentro de la más rigurosa actualidad de la investigación lingüística de aquellos años. También en Mariñán se habló del relativismo: esta vez a propósito de la sociología del conocimiento; aunque el tema estuvo presente, además, en una buena parte de las reuniones de filosofía moral de las dos semanas. Y también fue discutido con rigor a partir de la información más actual. Pero las propuestas de orden práctico que parecieron recibir consenso no se presentaron en ningún momento ligadas a tesis alguna del relativismo lingüístico.

La experiencia integradora que los mexicanos vivimos con los transterrados españoles en México, y la que hemos vivido en los años recientes quienes hemos tenido oportunidad de observar en los peninsulares un afán creciente por recuperar como propios los frutos que dejaron en América aquellos transterrados son, simplemente, hechos que descubren la existencia de una comunidad de intereses intelectuales que está por encima de las fronteras nacionales; por supuesto, de una comunidad que se apoya sobre varios siglos de historia, y cuyas tradiciones culturales —una de las cuales es la lengua— son, en gran medida, comunes; de una comunidad que está dispuesta, además, a compartir proyectos a futuro.

La lengua en que hemos discutido estas dos semanas, ciudadanos de cinco o seis naciones diferentes, no es nada más un sistema aislado de signos que todos comprendemos, sino la porción de un conjunto mayor de experiencias históricas comunes en que nos movemos con familiaridad. Muchas cosas aprendemos al aprender la lengua —aunque no sean parte de la lengua ni tengan origen en su gramática—.

Al hablar de filosofía, de sociología o de política, no ha faltado nunca ese trasfondo cultural compartido, si bien la discreción excesiva o la modestia han preferido negarse a participar en el diálogo de cuestiones domésticas.

He tratado de recoger algunas de las preocupaciones surgidas en la semana de Mariñán y en la de Madrid —imposible hacerlo con todas y difícil intentarlo con la mayor parte de aquellas que tuvieron un carácter muy técnico—, pero el relato quedaría incompleto sin una alusión a la conferencia del profesor Aranguren que clausuró la semana de Mariñán: mientras sus últimas palabras evocaban una imagen de Hegel —la del búho de Minerva que levanta su vuelo a la caída de la tarde—, una rosa roja pasó de mano en mano desde el fondo de la sala hasta llegar a las del profesor, y un aplauso cerró el acto en medio de una gran alegría.

Una manera de unirme ahora a ese homenaje al profesor Aranguren es recordar otras palabras de Hegel que tal vez otros de los presentes recordaron, como yo, aquella tarde de Mariñán. Son de un pasaje muy cercano, casi de la misma página del mismo prefacio de la *Filosofía del derecho*. Asociación tal vez provocada por la cercanía del texto, o por el sentido del acto, o por la imagen de la rosa, o por el entusiasmo del grupo.

Hegel escribió esas páginas con la seguridad de quien ha dejado atrás el tratamiento abstracto de su asunto, para describirlo realmente, tal como éste es en verdad. Y quiere transmitir esa seguridad repitiendo un viejo adagio griego al que añade, además, la traducción latina, probablemente de Erasmo: *Hic Rhodus, hic saltus*.

Concebir lo que es real es la tarea de la filosofía, que ha de desentenderse de las construcciones de la imaginación. Por eso mismo puede afirmar el filósofo en su prefacio que, en lo que concierne al individuo, cada uno es hijo de su tiempo —y sabe que no puede saltar más allá de ese tiempo—. Como la teoría, no puede ir más allá de la realidad misma. Al contraponer abstracción y realidad, Hegel da un primer sentido al adagio —que es como·la marca de la autenticidad de la filosofía—.

Pero ésta no parece haber sido, según algún comentarista —el profesor T.M. Knox—, la interpretación corriente en los manuales de latín de los tiempos de Hegel. El proverbio se aplicaba más bien a quienes, siempre dispuestos a relatar sus hazañas de lugares lejanos, no lo estaban para dar prueba efectiva de sus habilidades; de esta manera se exigía que las mostraran. «Aquí es Rodas, aquí hay que saltar», aplicado a la filosofía, parece una exigencia de objetividad: no basta con el convencimiento privado de una opinión, hace falta el control de validez intersubjetiva.

Hegel no toma en cuenta esta segunda interpretación avalada por Erasmo. A cambio, yo no tocaré otras posibles que dan a su imagen final un sentido religioso. Pero sí recordaré una tercera que propone Hegel, jugando con las palabras para cambiar el texto del adagio. La palabra griega para Rodas puede significar también una rosa; y el verbo «saltar», en latín, vale también como el imperativo de danzar. La tarea de un filósofo como Hegel, que tiene de su lado a la razón, es encontrar la alegría en la realidad presente que describe: la filosofía puede danzar en este mundo real, sin necesidad de posponer la alegría para una futura construcción imaginaria: *Hier ist die Rose, hier tanze.**

Las tres interpretaciones presentadas del adagio griego parecen pertinentes ahora, y nos permiten un resumen final de nuestra reunión. Ella misma ha sido una experiencia de comunicación en que señalamos nuestras coincidencias y nuestras diferencias filosóficas; y, a la vez, de participación en una comunidad con intereses intelectuales cercanos, tradiciones compartidas y proyectos a futuro.

Aquellos que, sin dejar de ser nacionales, no queremos ser nacionalistas; pero que tampoco nos hacemos ilusiones respecto de los imperios ni esperamos en poco tiempo una vida intelectual planetaria, sentimos bajo los pies la tierra sólida cuando nos afirmamos sobre las culturas nacionales de los países que comparten las lenguas que han nacido en la península ibérica. Esto es, para nosotros, la isla de Rodas.

Pero no olvidamos la segunda interpretación del adagio, que Hegel desechó. Sabemos que no sería bastante relatar nuestras hazañas filosóficas entre nosotros mismos, sino que tenemos que dar prueba efectiva de nuestras habilidades en la comunidad filosófica internacional y dominar sus reglas de juego. Contamos con nuestras tradiciones pero también estudiamos las ajenas, y seguimos paso a paso sus vicisitudes cuando discuten problemas vivos —lo que ha sido una de las enseñanzas más gratas de esta reunión—. La nota de autenticidad y realidad es inseparable de la exigencia de objetividad.

Empezamos a vencer un obstáculo que no es menor que la ausencia de reconocimiento internacional: el obstáculo de la falta de comunicación entre nosotros mismos. La experiencia de las reu-

---

* Aquí está la rosa, aquí hay que danzar.

niones recientes —Salamanca, Santander, Mariñán y Madrid— permite que pensemos en la tercera lectura del adagio griego con los cambios que Hegel sugería. Cambios que añaden la alegría de una comunidad filosófica que empieza a integrar su propio diálogo para participar *desde él*, en el diálogo internacional:

> Aquí está la rosa,
> aquí hay que danzar.

La ética y el lenguaje de la moralidad

El acercamiento al complejo fenómeno de la moralidad, como esfuerzo de conocimiento, puede hacerse de diversas maneras. Es posible estudiarla como un hecho social, dar cuenta de su operación como armonizadora de intereses, ponerla en conexión con otras realidades sociales y explicar, por su relación con éstas, sus estructuras y cambios a través de la historia. Es posible también esclarecer sus orígenes en la psicología individual, sus funciones como guía de acción al servicio de una actitud moral, su relación con impulsos y creencias y, con esto, hacer más comprensible la conducta de un individuo o de un grupo. En todos estos casos, es claro que la tarea queda en manos de aquellas disciplinas científicas —psicología, historia, antropología, sociología— que responden a nuestras preguntas acerca de comportamientos morales efectivos, en una comunidad determinada y en cierto momento de su historia. Pero aunque tales respuestas puedan contener informaciones amplias acerca de la conducta moral, de los juicios de valor y, en general, de las reacciones que alientan y estimulan esa conducta, así como de normas y principios realmente vigentes, y de convicciones y doctrinas morales de las personas educadas, no responden a las preguntas morales propiamente dichas.

Las respuestas a este tipo de preguntas —actitudes, palabras, acciones— se dan en nuestra vida moral de todos los días, y, en conjunto, constituyen la moralidad misma, pero no provienen de la investigación científica. Aunque las ciencias pueden contribuir con sus avances a modificar nuestras creencias y nuestros ideales morales, por sí mismas son incapaces de proporcionarnos, a cambio, otros nuevos ideales. El paso de las consideraciones acerca de lo que es la realidad, de la que tenemos experiencia, a conclusiones acerca de lo que debe ser nuestra conducta, exige un salto imposible de salvar desde el punto de vista lógico. Por otra parte, todas las operaciones de la ciencia —describir, teorizar, explicar, predecir, etc.— requieren cierta distancia entre el investigador y su objeto, en relación con su compromiso práctico.

Aun en el caso de que el objeto que se va a investigar sea la moralidad, en cualquiera de sus aspectos, el compromiso queda como parte del objeto de estudio. Al enunciar una norma, por ejemplo, o al enunciar un deber o una recomendación moral, el investigador *cita* una expresión, y al describirla entre comillas la arranca de su contorno original para dejarla en el campo de la descripción y de la teoría. Las operaciones de la ciencia, en este sentido, son neutrales desde el punto de vista de la valoración moral; lo que no quiere decir que, en determinados contextos, sus resultados no puedan tener consecuencias morales de importancia, e incluso formar parte de un argumento moral. Y esto aunque la ciencia como tal, en tanto que tarea humana, no sea neutral desde el punto de vista de la moralidad y de las actitudes morales.

¿Considera la clase media de la ciudad de México que el aborto es bueno o digno de encomio? ¿Cómo se explica la diversidad de normas que gobiernan las formas de matrimonio en las poblaciones de la costa de Guerrero? ¿Qué papel tiene la educación escolar en la formación de los ideales morales y políticos del niño mexicano? Interrogantes como éstas han de ser contestadas por los investigadores de las ciencias sociales, pero cualesquiera que sean sus respuestas, no constituyen un pronunciamiento ni sobre la moralidad del aborto, ni sobre el valor del matrimonio, ni sobre los ideales políticos de las clases dominantes en relación con otros ideales. Los pronunciamientos de este tipo ya no son resultado del trabajo científico, y operan, en la vida práctica, como guías de acción.

Tampoco la filosofía —la ética como disciplina filosófica— da respuestas a las preguntas de la vida moral, aunque pueda contribuir a esclarecerlas. Lo que ella enfrenta son interrogantes surgidas de la moralidad, pero no contempladas en tanto que fenómenos psicológicos o sociales, sino en tanto que expresiones de estos fenómenos. Se trata de un acercamiento a esa misma realidad, pero en otro nivel y por otra vía: la del análisis del lenguaje moral. La filosofía se pregunta por el significado de los gestos de rechazo y de las expresiones de encomio; por el significado de los términos clave del lenguaje moral; por las relaciones entre las normas que gobiernan la conducta y los principios que les sirven como norma básica; por el fundamento de estos principios y el de los ideales últimos de la vida; por la estructura lógica del razonamiento moral, y por el valor de verdad de las doctrinas morales sistemáticas más acabadas que se integran en una concepción del mundo y suponen estos o aquellos rasgos de la naturaleza humana. Pero exhibir supuestos, poner en claro significados, examinar enlaces lógicos y cuestionar intentos de fundamentación no ofrece primariamente guías de acción —aunque a veces pueda contribuir a que éstas cambien o pierdan eficacia en nuestra convicción—.

Lo característico de la moralidad, en cambio, es justamente el carácter esencial de su elemento práctico: su compromiso de acción dentro de una circunstancia que no puede ser eliminada por más que se acumule esfuerzo reflexivo al servicio de esa práctica. La distinción tradicional entre moral consuetudinaria y moral reflexiva, que parece partir en dos la historia del pensamiento occidental, es una distinción relativa, discutible como acontecimiento histórico, y que requiere mayores precisiones desde el punto de vista del examen de la moralidad. De alguna manera, la reflexión ha intervenido en la formación de los sistemas tradicionales fundados sobre la costumbre, e igualmente es posible reconocer, aun en las doctrinas que se ofrecen como racionales, el peso de los hábitos y de los usos sociales.

En el examen del lenguaje de la moralidad es posible marcar mayores distinciones, cada una de las cuales se puede mostrar como un nivel diferente del discurso. El señalamiento de estos niveles permite hacer patente la complejidad del razonamiento moral, la dificultad de los pasos lógicos más frecuentes y el carácter verdaderamente teórico y crítico de la ética como disciplina filosófica.

Los cuatro niveles del discurso moral

El primer nivel de lenguaje moral se puede registrar a partir de las expresiones de satisfacción o disgusto, rechazo o elogio, aparentemente espontáneas, que, por su misma índole, no hacen surgir cuestiones de verdad o validez. Tomadas aisladamente y no como partes de una actitud moral, que es por definición un fenómeno complejo, estas expresiones pueden, sin embargo, influir seriamente en los sentimientos y la conducta de otros. Su capacidad evocadora y de influencia es lo que ha sido puesto en evidencia por el análisis de los filósofos emotivistas, quienes ven en este rasgo distintivo la esencia misma del discurso moral —lo que no deja de ser una exageración difícil de acoger—. Porque aun aceptando que cualquier clase de expresión puede tener influencia en la conducta de alguien, y, por tanto, significado moral, parece prudente admitir que esta extensa zona de la manifestación aislada de los sentimientos no puede ofrecerse como ejemplo de discurso moral. No caben en ella las cuestiones relativas a la propiedad o justificación de las expresiones, y cuando éstas se plantean, a propósito de un desacuerdo, por ejemplo, se ha cambiado el discurso a otro nivel.

En un segundo nivel del lenguaje de la moralidad, lo que cuenta principalmente no es la mera influencia sobre una conducta, sino la guía. Una expresión que opera como guía de acción ha de presentarse como inteligible en todas sus partes, y, por tanto, ha de tener un alcance racional que puede ser discutido en términos de corrección o propiedad. Se ofrece como respuesta a una pregunta de orden práctico y suele presentarse con la forma de una prescripción —independientemente de su fuerza emotiva—. Los filósofos prescriptivistas han estudiado el imperativo simple como la forma elemental y básica del discurso moral. Esto no debe entenderse en el sentido de que emitir un juicio moral es siempre prescribir, y que todo enunciado de esta clase se manifiesta invariablemente en forma imperativa. Puede darse una gran variedad de formas gramaticales en la expresión de elecciones o decisiones, de valoraciones y críticas, de amonestaciones y consejos: lo decisivo es que todas ellas operan como guías de acción y, de alguna manera, suponen, implican o conducen a un imperativo.

La diferencia con el nivel de las expresiones emotivas está justamente en el recurso al imperativo, que opera como una regla de conducta y que, por definición, está a salvo del reclamo de las inclinaciones cambiantes y de las preferencias personales. Aun aquella norma que ordenara seguir el llamado de las pasiones como regla de conducta, por paradójico que pueda parecer, se ofrecería ya como un principio de justificación con pretensiones de validez universal.

En nuestros juicios cotidianos, tanto para guiar nuestra conducta como para criticar la ajena, confiamos con frecuencia en un conjunto de normas, que se puede llamar el código moral aceptado por la comunidad. En este nivel, nuestro razonamiento no pone en tela de juicio normas ni instituciones, ni especula con la posibilidad de su cambio futuro: simplemente relaciona un principio aceptado con la descripción de un acontecimiento particular. Lo que hace el argumento que justifica una conducta es mostrar su acuerdo con un cuerpo dado de normas, y tiene la misma estructura lógica que cualquier análisis de validación en el dominio de los conocimientos científicos. Cuando mide los resultados prácticos de una acción, hace inferencias inductivas; cuando subsume un caso particular dentro de una regla moral ordinaria, hace inferencias deductivas. Y el procedimiento termina con la exhibición de la norma aplicable al caso. Otra cosa sucede si encontramos un conflicto entre normas o si descubrimos la repulsa de la gente a aceptar cierta descripción para gobernar su conducta. El conflicto conduce a la crítica de las normas, a procurar ajustes entre ellas, a la búsqueda de los principios de orden más general que puedan armonizarlas y apoyar su justificación. Pero esta búsqueda de razones, por completo subordinada a las exigencias de la práctica, no se compromete con requerimientos especiales de método, aunque representa ya un nuevo nivel del discurso moral.

El razonamiento moral se prolonga, en este tercer nivel de discusión normativa, en busca de la relación entre principios últimos y normas; trata de hacer explícitas las razones que intentan la justificación e incluso las organiza sistemáticamente, pero no rebasa los límites de los sistemas mismos. Todo su esfuerzo reflexivo permanece, por decirlo así, dentro del discurso moral primario, íntegramente enraizado en la vida práctica, de manera que el despliegue sistemático y doctrinario no pretende la objetividad de las teorías científicas, aunque pueda suponer decisiones de actitud en mucho comparables con los requerimientos de la ciencia. Éste es propiamente el campo del razonamiento moral: en él cobran vida los sistemas normativos, los códigos y las grandes doctrinas. Todos los problemas de la moralidad, más allá del cotejo de normas y consecuencias, tienen lugar aquí; así, ante cualquier nuevo planteamiento, el sistema hallará flexibilidad y recursos para la respuesta consecuente, sin excluir siquiera la comprensión de otras doctrinas morales paralelas. Ahora bien, esta comprensión no elimina el conflicto entre las doctrinas ni la diversidad de las actitudes. Y, sobre todo, no alcanza el punto extremo de esta diversidad que es el cuestionamiento de la moralidad misma como tal. La pregunta: «¿por qué debiera yo ser moral?» es un desafío absoluto que no tiene respuesta dentro del discurso moral ordinario.

El reto del egoísta que interroga por cánones de justificación específicos para la moralidad como tal, en tanto que guía de la acción humana, no tiene lugar en el espacio de la moralidad. La cuestión va más allá del discurso moral, incluso del tratamiento de los aspectos doctrinarios y de los elementos metafísicos del discurso moral, en un esfuerzo inútil por exigir la fundamentación de las actitudes y de los ideales de la vida. El razonamiento moral discurre a partir de principios; pero las cuestiones últimas se responden con decisiones acerca del valor de los principios básicos de una actitud moral. La doctrina moral más sistemáticamente elaborada requiere todavía la vindicación de una norma fundamental, de un principio último o de un ideal que, de modo inevitable, se conecta con una concepción del mundo.

Si a propósito de las expresiones emotivas, a partir de las cuales surge el primer nivel del lenguaje de la moralidad, no cupiera un riguroso planteamiento de cuestiones de verdad o validez, tampoco cabría hacerlo a propósito del último nivel, que es el de la expresión de las actitudes morales. Y aunque estas expresiones no escapan por completo del análisis, mantienen un punto irreductible de decisión que señala los límites racionales del discurso.

En realidad, en el segundo y el tercer niveles se da el argumento moral propiamente dicho. Aquí se localizan los pasos lógicos, las descripciones y las definiciones que es posible controlar con los mismos procedimientos con que se controla el discurso de la ciencia. Pero el discurso moral ordinario atraviesa estos dos niveles, surge antes y va más allá de ellos —aunque pocas veces de manera explícita—. La referencia a los imperativos y a sus fórmulas de pretensión universal se inicia a partir de los intentos de justificación de las reacciones emotivas. De esta manera, las reacciones aisladas muestran que su simplicidad es sólo aparente, hacen patente su dependencia de tradiciones morales y, en último término, apuntan hacia concepciones muy complejas, que son expresión de actitudes fundamentales. Los argumentos morales ordinarios ponen en conexión normas y principios con descripciones de conductas y sucesos de toda índole, relacionan enunciados de diversa forma gramatical y de diverso rango ideológico: señalan prescripciones, indican la pertinencia valorativa de los hechos, relacionan lógicamente las normas y los acontecimientos, y defienden la articulación de todos ellos y la validez del conjunto. Pero al hacer esto último pasan al cuarto nivel del discurso moral y hacen uso de enunciados cuyo contenido es imposible de corroborar.

El nivel propio de la ética y sus cuatro niveles de estudio

El discurso moral ordinario, sin embargo, sólo excepcionalmente es explícito en todos sus pasos. La complejidad y la dinámica de la vida moral, en cuyo servicio surge este discurso, mantiene tal índice de exigencias que ésta queda condenada a adoptar formas elípticas: a manifestarse en razonamientos incompletos, a silenciar premisas y supuestos, a aludir apenas, cuando no a olvidar por completo, los condicionamientos de la circunstancia y de la herencia cultural.

Reconstruir los pasos del discurso en toda su integridad, hacer explícitas las condiciones culturales y los supuestos doctrinarios, y esclarecer el significado de expresiones y términos clave es algo que está más allá de las doctrinas morales sistemáticas y de la moralidad reflexiva. Se trata de una empresa de naturaleza diferente, que requiere una mínima distancia de las urgencias de la vida práctica, un interés crítico, pero, sobre todo, un interés teórico que la distinga del discurso moral en todas sus formas. Y representa otro nivel diferente en el lenguaje de la moralidad: justo el que corresponde a la ética o filosofía moral, entendida como disciplina filosófica en sentido estricto.

Éste es un punto de encuentro del pensamiento moral propiamente dicho, núcleo de origen de la filosofía como sabiduría o concepción del mundo, con la filosofía entendida en el más estricto sentido. Y con esto se pretende advertir que la señalada diferencia de niveles no representa la mera oposición —corriente en los textos filosóficos de los últimos años— entre ética y metaética, sino una distinción más radical entre dos sentidos, muy alejados entre sí, del término filosofía. No hay inconveniente, sin embargo, en tratarla aquí como una distinción de niveles del lenguaje moral; con tal que se tenga en cuenta todo lo que a continuación se anota.

En primer lugar, ha de quedar claro que el nivel del análisis filosófico mantiene como objeto inicial de su estudio el lenguaje de la moralidad propiamente dicho, y que el uso de expresiones y términos morales a lo largo del discurso es una forma de mención que neutraliza su naturaleza y sus funciones prácticas. La neutralidad de la investigación filosófica, frente a las doctrinas morales y los sistemas, no significa otra cosa. Pero es obvio que los resultados de la investigación pueden tener consecuencias indirectas en la vida moral, como también es verdad que el investigador puede ser llevado al planteamiento de problemas filosóficos, como resultado de preocupaciones surgidas en la vida práctica.

La mejor manera de hacer patente la distancia que impide a la ética identificarse con su objeto —que es el lenguaje de la moralidad, ya sea en sus formas espontáneas o como moralidad reflexiva— es mostrar, dentro de la ética misma, otras tantas empresas de investigación, paralelas a los niveles señalados para el lenguaje de la moralidad. Por ejemplo: frente al primer nivel, el relativo a las expresiones más espontáneas de nuestra vida moral, corresponde a la teoría ética la tarea de dar cuenta del significado de estas expresiones y de esclarecer el papel que cumplen los términos clave que en ellas aparecen. Al segundo nivel, el de los razonamientos morales que ponen en relación casos particulares con expresiones de forma imperativa, normas o principios, corresponde dentro del campo de la ética el estudio de la estructura lógica del razonamiento moral y el análisis crítico de la manera de intentar la convalidación. Si se considera el tercer nivel, en que la discusión moral se organiza en sistemas, normas y principios de justificación, se hallará en el campo de la ética la tarea paralela de analizar estas conexiones lógicas, la teoría de las normas y los sistemas normativos —todo lo cual desemboca en lo que se llama lógica deóntica—. Finalmente, frente a las decisiones básicas de una actitud y a sus expresiones últimas, es decir, frente a los ideales individuales y colectivos que se conectan con una concepción del mundo, la ética ha de responder con la más compleja de sus tareas: la teoría de la acción, la libertad y la responsabilidad, y el examen del valor de verdad de las doctrinas morales sistemáticas. En este campo, las cuestiones ya no son tan sólo lógicas o semánticas, sino francamente epistemológicas.

En segundo lugar, ha de tenerse en cuenta que los cuatro niveles del lenguaje de la moralidad antes registrados pueden operar, en principio, sin restricción alguna de carácter metódico, y a partir de decisiones fundamentales de actitud —lo que no impide que pueda intentarse la formulación de una doctrina moral de pretensiones racionales y hasta científicas—. En cambio, dentro del campo de la ética y sus cuatro niveles de estudio no caben opciones: la filosofía en sentido estricto procede de la misma manera que las ciencias, con métodos establecidos y a partir de un marco teórico justificado por razones pragmáticas. Sobre esto último hay que añadir un par de brevísimas consideraciones.

ÉTICA Y ACTITUD MORAL

La pregunta ¿por qué ser moral?, sin respuesta dentro del campo de la moralidad, puede presentarse desde el punto de vista del análisis filosófico como una interrogación sin sentido. A la vez, ella misma puede prolongar su impertinencia hasta alcanzar las cuestiones filosóficas: ¿por qué reflexionar filosóficamente sobre la moralidad? Y ahora no se trata ya de la posibilidad abiertamente aceptada de posiciones morales irreflexivas o incluso de doctrinas irracionales. Se trata de pedir a la filosofía misma cuenta y razón de su existencia, por encima de la aceptabilidad de sus métodos y de las razones pragmáticas que pueden apoyar el marco teórico de su trabajo de investigación. Es una pregunta que no encuentra lugar dentro de la ética propiamente dicha, sino que tiene un claro sentido moral y, literalmente, vuelve la discusión al terreno de los asuntos prácticos. Un terreno en que la ética no puede dar respuestas, porque no es su tarea dictar normas, ni justificar principios o comportamientos. Cuando ensaya caracterizar los procedimientos generales de validación, por medio de los cuales pueden los imperativos hallar justificación, la ética no ofrece reglas de conducta ni modelos de comportamiento, sino fórmulas vacías que permiten someter a prueba cualquier regla. Son criterios formales que cumplen una función regulativa, que se mantienen abiertos a la discusión y pueden ser cambiados en el momento en que aparezcan como criterios inadecuados.

La pregunta señala los límites de la actividad filosófica, y, por otra parte, el carácter a la vez crítico y regulativo de la ética descubre que los criterios formales suponen decisiones metodológicas que no son autosuficientes desde el punto de vista de su justificación como tarea humana. La filosofía permanece como una actividad de segundo orden, pero las restricciones a que están sujetos sus procedimientos no son ajenas a las actitudes morales, y marcan definitivamente sus funciones teóricas y críticas.

Éste es el otro punto de contacto entre el pensamiento moral propiamente dicho, núcleo de origen de la filosofía como sabiduría o concepción del mundo, y la ética entendida como disciplina filosófica en el sentido más estricto. El carácter omnicomprensivo y totalizador de las concepciones del mundo se ofrece como el único camino para intentar la justificación moral de la ética en tanto que tarea humana. Y está bien claro que en este punto de encuentro no se da una relación deductiva o lógica, sino simplemente una conexión práctica, una relación de orden moral. Otra vez el lenguaje de las deliberaciones morales recobra su rango de primer orden y los análisis filosóficos quedan fuera de lugar. Toda neutralidad ha terminado.

La neutralidad lograda en los niveles de la investigación filosófica de la moralidad tiene, según quedó advertido, las mismas limitaciones que la neutralidad de la ciencia: las que provienen de sus opciones metodológicas. Limitaciones imperceptibles en el análisis de primer plano de las expresiones morales o de las nociones fundamentales, pero notables en el tratamiento de los sistemas y en el concepto mismo de moralidad. Si se ha aceptado como regla de método, por ejemplo, que todos los procedimientos del análisis sean susceptibles de ser revisados y que en ningún caso puedan conducir a enunciados que no puedan, a su vez, ser sometidos a crítica racional, se ha aceptado una propuesta que debe ser discutida a la luz de sus consecuencias, pero que no deja de ser una propuesta de dudosa neutralidad en la práctica filosófica. Por una parte supone el apego a un punto de vista que no es independiente de la tradición racionalista y crítica del pensamiento occidental; por otra, califica por anticipado el concepto de moralidad y la validez de los sistemas morales.

LA DIVERSIDAD CULTURAL Y EL ESPACIO DEL DIÁLOGO

Señor Presidente de la República:
Honorable Presidium:
Señores laureados con Premios Nacionales en este y en años precedentes:
Señoras y señores:

He recibido el encargo de pronunciar unas palabras a nombre de quienes hoy reciben el Premio Nacional de Ciencias y Artes y el Premio de Ciencia y Tecnología. Debo agradecer a nuestro Primer Magistrado que haya aceptado los dictámenes del honorable Consejo de Premiación; a este mismo Consejo y a los jurados que examinaron nuestras candidaturas y, finalmente, a las instituciones que presentaron nuestros nombres.

Una vez más se ha querido subrayar la importancia que el país concede a quienes trabajamos en la enseñanza superior, en la creación artística y en el diseño de los objetos técnicos, a pesar de que la atención de todos los mexicanos está puesta en graves problemas sociales y políticos que requieren soluciones inmediatas. Porque indudablemente se considera también que, en países como el nuestro, la complejidad de la vida social obliga a considerar nuevos caminos para atenuar las diferencias de condición económica, apoyar el despliegue de diversas formas de vida y tratar de igualar las oportunidades para el desarrollo de las potencialidades humanas. Sabemos que en estas consideraciones corresponde a la educación un papel de primer orden.

El fin del siglo y también el fin del milenio parecen enfrentarnos a problemas que ponen en tela de juicio comportamientos habituales y tradiciones. Las ciencias sociales parecen orientarse hacia

el estudio de procesos que se presentan en el mundo entero, y lo
que nos muestran en primer lugar son relaciones de interdepen-
dencia: nuestras conductas tienen repercusiones no solamente en
los lugares más alejados de México, sino en los más alejados del
mundo. Las opiniones de los expertos empiezan a mostrar sus limitaciones justo por no considerar las consecuencias de sus resolu-
ciones en la vida cotidiana de lugares lejanos. Las decisiones de
nuestra vida pública ya no se pueden apoyar solamente en meros
componentes estadísticos. Cuando se rompe alguna regla de la tradición podemos calcular riesgos precisos, pero también tenemos
que imaginar una serie de escenarios diversos para los que no siempre disponemos de reglas de cálculo. Cualquiera de nuestras decisiones cotidianas parece un gran experimento, pero no es un experimento controlado en todas sus partes, sino que siempre conserva
una dimensión de aventura y de riesgo que no podemos evitar. Sin
embargo, estamos obligados a analizar cada día los cambios en los
escenarios posibles y las incertidumbres.

La mera repetición de las costumbres no garantiza la cohesión
social. La integridad y la autenticidad de las tradiciones es lo único que puede darles un rasgo perdurable, pero siempre tendrán que
ser reconstruidas a partir del momento presente.

Las opiniones de los educadores, de los científicos que tienen
una visión amplia de su campo y de los campos limítrofes, dejan
de ser opiniones de expertos cuando sus conclusiones rebasan los
límites de su propia especialidad y afectan el conjunto de la vida
cotidiana. En la consideración moral de este conjunto y de sus com-
plejísimas relaciones, los expertos no suelen tener demasiadas ventajas. Es indispensable tener presente una serie de fines e ideales de
vida que rebasan el campo de su disciplina estricta.

La diversidad de las formas de vida ha ganado un lugar en las
sociedades modernas. Un mundo de estilos de vida abiertos es, por
supuesto, también un compromiso frente a sus condiciones de
autenticidad, pero no siempre se puede lograr sólo con el reforza-
miento de las conductas tradicionales. Las formas de reforzamien-
to tienen solamente dos vías: la violencia y el diálogo, pero la su-
perioridad del diálogo está en que exige aportar razones, y en que

tiene que garantizar un espacio para el ejercicio racional que pueda asimilar aspectos del conflicto. En el momento en que cesa el diálogo sobreviene la violencia. La diversidad de las formas de vida debería llevar solamente al diálogo: es el reconocimiento de la realidad del otro, cuyos puntos de vista uno puede debatir. Pero, en los hechos, puede llevar también a la violencia. La apertura hacia el otro es la condición de la solidaridad social que abre las posibilidades de un orden cosmopolita. Este orden es lo que podemos, en la distancia de nuestra utopía, ver como la democracia del diálogo: las fronteras abiertas del orden global.

En la anterior forma de revalorar las diferencias culturales y solidaridades históricas se descubre la pluralidad de los orígenes de la cultura nacional. No son procesos separados el reconocimiento de la integridad de las culturas nacionales y la conciencia de los peligros de la globalización. El proceso de homogeneización que impone la comunicación por satélites y por otros medios, y la apertura del intercambio directo de mercancías y de servicios tienen que tener consecuencias directas en todos los rincones de la vida de México. La sujeción a los hechos de un desarrollo tecnológico, en cuyo origen no participamos, plantea grandes desafíos. Hemos venido a ser contemporáneos de los grandes países industriales en los que los inmigrantes y los refugiados introdujeron una diversidad cultural que para ellos era desconocida dentro de sus fronteras. Esa misma diversidad era vivida por nosotros desde el siglo XVI, y, en este sentido, podemos considerar que somos contemporáneos de todos los países, en la generalidad de los planteamientos abstractos, pero no, por cierto, en las dificultades concretas de los intercambios cotidianos. En estos intercambios conocemos el riesgo de la globalización, porque la fuerza de los aparatos culturales y su dominio puede acabar por orientar la producción de otros centros culturales hasta ponerla a su servicio. Sobreviven éstos, pero pierden su lugar y pasan a formar parte de la periferia de una corriente de actividades planetarias.

Los mexicanos sabemos que la historia suele dar ejemplos contrarios. Suficientes para decir con optimismo que no siempre coinciden, ni son idénticos en su definición, los grandes centros económicos y políticos con los de mayor vitalidad cultural. Desde la periferia económica y política se puede producir una cultura propia, no en el sentido de las peculiaridades folclóricas, sino de la autenticidad de la creación y de la iniciativa. Y desde allí, desde los propios ideales de vida, contemplar todas las demás culturas del mundo, en un contexto de elección y con sentido crítico. Para integrar valores universales y participar en el despliegue de una cultura global que, por pertenecer a todos los hombres, no puede introducir ningún elemento desintegrador ni aun en las sociedades más pequeñas.

De esta manera, no hay inconveniente en tratar de modo paralelo la integración de las culturas étnicas minoritarias en una cultura nacional —plena de riqueza interior—, mientras, por otro lado, se busca la integración de las culturas nacionales en una todavía más rica armonía universal de valores humanos diversos.

El grave conflicto que saca a la luz los problemas políticos y sociales que se viven en una de nuestras regiones, el estado de Chiapas, a pesar de toda su violencia y crueldad, no tiene que ser visto necesariamente como un elemento desintegrador. La lucha, por sí misma, no separa cuando no es lucha de exterminio: constituye justo una respuesta a la tensión social —aunque en este caso no era la única respuesta posible—.

Al agradecer su presencia en este acto, señor Presidente de la República, debo reiterar también nuestra confianza:

De la sensibilidad política de usted —tantas veces puesta a prueba— esperamos los mexicanos todos, no solamente los miembros de la comunidad académica, el paso de la violencia al diálogo y el logro de una unidad más respetuosa de las etnias y de los campesinos en pobreza extrema, que reoriente los elementos que pueden contribuir a dar cohesión a una sociedad nacional y favorezcan la creación de nuevas relaciones sociales.

Consenso y conflicto, armonía y desarmonía son elementos constitutivos de una misma realidad. Pero la unidad superior de una sociedad compleja, como la nuestra, tiene que recoger el conflicto y las energías unificadoras y buscar en ambas los aspectos que puedan tener, en el espacio del diálogo, un valor positivo.

Fernando Salmerón
24 de enero de 1994

Nota sobre los trabajos
reunidos en este volumen

«Los problemas morales de la diversidad cultural» fue publicado originalmente en el volumen sobre *Cuestiones Morales*, Osvaldo Guariglia (comp.), volumen 12 de la *Enciclopedia Iberoamericana de Filosofía*, Madrid, Trotta-csic, 1996, pp. 67–85.

«La identidad personal y la colectiva» se publicó originalmente en el volumen colectivo *La identidad personal y la colectiva*, L. Olivé y F. Salmerón (comps.), México, Instituto de Investigaciones Filosóficas, unam, 1994.

«Cultura y lenguaje» es el texto de la conferencia de clausura del II Encuentro Hispano-Mexicano de Filosofía, pronunciada en Madrid el 19 de septiembre de 1986. Fue publicada originalmente en *Actas del II Encuentro Hispano-Mexicano de Filosofía*, J.A. Gimbernat y J. González (comps.), Madrid, Instituto de Filosofía, csic, 1988.

«La ética y el lenguaje de la moralidad» apareció publicado originalmente en *El hombre y su conducta. Ensayos filosóficos en honor de Risieri Frondizi*, Jorge Gracia (comp.), Río Piedras, Universitaria, 1980.

«La diversidad cultural y el espacio del diálogo» es un texto del discurso pronunciado por Fernando Salmerón al recibir el Premio Nacional de Ciencias y Artes 1993, correspondiente al Área de Ciencias Sociales, Historia y Filosofía, el 24 de enero de 1994. Posteriormente se publicó en *Boletín de la Academia*, Academia Mexicana de Ciencias, no. 18, mayo-junio de 1994.

Diversidad cultural y tolerancia, de Fernando Salmerón,
se terminó de imprimir y encuadernar en los talleres
de Programas Educativos, S.A. de C.V.,
calz. Chabacano 65, local A, col. Asturias, México, D.F.,
el 3 de agosto de 1998. Se tiraron 2 000 ejemplares.
Su composición y formación, realizadas por computadora
en tipos Giovanni Book de 30, 11, 10 y 9 puntos,
estuvieron a cargo de Literal, S. de R.L. Mi.
Laura Manríquez, Cecilia Navarro y José Manuel Valiñas
corrigieron pruebas. Biblioteca Iberoamericana de Ensayo
es una colección coeditada por Paidós y la UNAM,
coordinada editorialmente por Laura Lecuona.